钱学森精神读本

主　　编　钱永刚

执行主编　张　凯　盛　懿

上海交通大学出版社
SHANGHAI JIAO TONG UNIVERSITY PRESS

内容提要

本书是钱学森图书馆研究团队对人民科学家钱学森崇高精神风范进行系统研究的阶段性成果。编者从"爱国、奉献、求实、创新、协同、育人"六个角度，提炼出钱学森精神的主要内涵——赤胆忠诚的爱国情怀、以身许国的奉献精神、严谨求实的科学品质、开拓进取的创新意识、集智攻关的协同精神、甘为人梯的教育担当，并以浅显的语言、生动的故事、图文并茂、叙中有议的形式，多角度、全方位呈现一代科学巨擘钱学森崇高的精神风范和高尚的人格魅力。

本书以学术研究为基础，融可读性、思想性与学术性于一体，适用于包括广大党员、科技工作者、青年学生等在内不同年龄、不同学历层次的读者群体，是开展爱国主义教育和社会主义核心价值观教育的有益读物。

图书在版编目（CIP）数据

钱学森精神读本 / 钱永刚主编 .—上海：上海交
通大学出版社，2019（2025重印）
ISBN 978－7－313－21825－4

Ⅰ.①钱… Ⅱ.①钱… Ⅲ.①钱学森（1911—2009）
－生平事迹—通俗读物 Ⅳ.①K826.16-49

中国版本图书馆CIP数据核字（2019）第169947号

钱学森精神读本

主　　编：钱永刚
出版发行：上海交通大学出版社
邮政编码：200030
印　　制：苏州市越洋印刷有限公司
开　　本：880 mm × 1230 mm　1/32
字　　数：139千字
版　　次：2019年9月第1版
书　　号：ISBN 978－7－313－21825－4
定　　价：48.00元

地　　址：上海市番禺路951号
电　　话：021-64071208
经　　销：全国新华书店
印　　张：7.25
印　　次：2025年1月第3次印刷

编　写　组

主　　编　钱永刚

执行主编　张　凯　盛　懿

副 主 编　张现民

执　　笔（按章节排序）

　　　　　荣正通（第一章）

　　　　　游本凤（第二章、第六章）

　　　　　汪长明（第三章）

　　　　　尤　若（第四章）

　　　　　李梦涵（第五章）

序

  在全党上下深入开展"不忘初心、牢记使命"主题教育及弘扬科学家精神、加强作风和学风建设期间，上海交通大学钱学森图书馆和钱学森研究中心的同志们在查阅和整理大量有关钱学森生前资料的基础上，用讲故事的形式，以通俗易懂的行文风格，精心编撰出版了这本《钱学森精神读本》，可以说是正当其时、恰逢其势。

  我通读全书之后，再一次深为人民科学家钱学森身上体现的崇高精神和可贵品质所感染。我认为，这既是一本宣传和弘扬钱学森精神、充满正能量的"精神读本"，也是一本可对党政领导干部、广大党员和青少年，乃至全社会进行爱国主义和社会主义核心价值观教育的"政治读本""思想读本"。在此，谨对《读本》的出版表示热烈祝贺。

  读这样的书，我们由衷地向先贤致敬、向大师鞠躬。鲁迅先生曾说过："我们自古以来，就有埋头苦干的人，有拼命硬干的人，有为民请命的人，有舍身求法的人，……这就是中国的脊梁。"钱学森终其一生都在践行"爱国、创新、求实、奉献、协同、育人"的科学家精神，堪称为党和国家事业努力奋斗、建功立业的典范。他就是"中国的脊梁"!

读这样的书,荡气回肠。掩卷遐思之余,不禁让人想起感动中国 2007 年度人物颁奖词对钱学森的评价:"在他心里,国为重,家为轻,科学最重,名利最轻。五年归国路,十年两弹成。开创祖国航天,他是先行人,披荆斩棘,把智慧锻造成阶梯,留给后来的攀登者。他是知识的宝藏,是科学的旗帜,是中华民族知识分子的典范。"钱学森无愧于"中华民族知识分子的典范"。

钱学森是中国航天事业的奠基人和技术领导人,他毕生追逐科学报国梦想,为中国的科技事业、国防和军队现代化建设,尤其是"两弹一星"事业建立了不朽功勋,堪称老一辈爱国科学家群体中以身报国的典型代表。习近平总书记曾高度评价以钱学森为代表的老一辈科学家的家国情怀和科学品质,他指出:"在新中国百废待兴、百业待举的困难局面下,一大批留学人员毅然决然回到祖国怀抱,在极其艰难困苦的条件下呕心沥血、顽强拼搏,为新中国各项事业发展奠定了坚实基础,取得了'两弹一星'等举世瞩目的重大成就。李四光、严济慈、华罗庚、周培源、钱三强、钱学森、邓稼先同志等就是他们中的杰出代表。""要学习钱学森同志的光荣感。他把群众的口碑当作自己无上的光荣。"正可谓:正气在,民风正;正气存,党风好;正气长,国运兴。

毛泽东同志曾说过,人是要有一点精神的。《苦难辉煌》一书序言说:"物质不灭,宇宙不灭,唯一与苍穹比阔的是精神。一个民族的崛起，首先是精神的崛起；没有精神的崛起，任何民族的崛起都是不可能完成的。"联想到当年钱学森刚归国访问哈尔滨军事工程学院时，院长陈赓大将问他："您看中国人能不能搞出导弹？"钱老毫不犹豫地回答："为什么不能？外国人能搞的，中国人就不能搞？难道我们中国人就比他们矮一截？"陈赓听了钱学森的这一表态后，非常高兴地说："我要的就是您这句话。"为了践行和实现"中国人不比外国人矮一截"的诺言，作为航天领域的最高技术统帅，钱学森用他生命中精力最充沛、才华最横溢的一段年华，率领老一辈航天人白手起家、开创先河，在一张白纸上描绘出了中国航天事业辽阔而宏伟的美好蓝图，中国终于在酒泉戈壁滩上成功发射我国第一枚"东风一号"地地导弹，终于成功实现"两弹结合"，终于成功发射我国第一颗人造地球卫星、第一枚"东风五号"洲际导弹、第一颗通信卫星……一个个史无前例的成功，横空出世的不仅仅是让西方世界震惊的大国重器，更重要的是，铸就了以航天传统精神、"两弹一星"精神和载人航天精神为代表的"航天三大精神"。本书中的"爱国、奉献、求实、创新、协同、育人"六大主题，以及 48 个感人故事，是对"航天三大精神"的生动诠释，更加深化了其丰富的内涵，更具爱国主义教育意义的抓手作用。

世界上有两种矿藏，一种是物质矿藏，是可以穷尽的；另一种是精神矿藏，是无穷无尽的。精神的宝藏是无价的，要一代代薪火相传，且愈久远而愈珍贵，愈久远而愈光辉。当前，我们学习钱学森的爱国主义精神和科学家精神，就是要将这种精神宝藏奉为圭臬，传递正能量、高唱正气歌，凝聚起内化于心、外化于行的信仰力量。我们要像钱学森那样，始终将国家利益放在高于一切的地位，不忘初心、牢记使命、坚定信念、许党报国，用一以贯之的崇高信仰，用一脉相承的坚定信念，执如椽大笔，在鲜红的国旗上写上不渝忠贞，在祖国大地上写下炽热情怀。

伟大的事业产生伟大的精神。只有献身于那些超越自身的存在，才能找到生命的意义。先生之风，山高水长。先贤已去，精神永存。我们要学习钱学森，把实现国家富强、民族振兴、人民幸福视为己任，全心全意为之付出，全力以赴为之奋斗，哪怕鞠躬尽瘁，死而后已，亦在所不辞。

党的十九大报告指出："中国特色社会主义进入新时代，意味着近代以来久经磨难的中华民族迎来了从站起来、富起来到强起来的伟大飞跃，迎来了实现中华民族伟大复兴的光芒前景。"我认为，正是包括钱学森在内的一批国家杰出人才、民族脊梁，用他们的不朽精神、杰出贡献和崇高品德，让"站起来、富起来、强起来"的使命更加坚实和熠熠生辉。

是为序。

姜斯宪

上海交通大学党委书记

2019 年 9 月 18 日

钱学森精神的内涵

（代前言）

钱学森同志是当代中国知识分子的杰出代表和光辉典范。在漫长的科学生涯中，钱学森以满腔爱国热情，无私奉献、求真务实、开拓创新、团结协作、甘为人梯，为中国国防科技事业和社会主义现代化建设做出了杰出贡献，建立了不朽功勋，在中国科技界树起了一座丰碑，被誉为"人民科学家"。

一、赤胆忠诚的爱国情怀

对党、对祖国、对人民无限忠诚、无比热爱，是钱学森爱国主义情怀的核心要素和突出写照。钱学森一生始终将个人理想与祖国命运相结合，将个人选择与社会需要相统一，将个人追求与时代主流相契合。学生时代，他勤学精进，志在报国，树立了航空救国理想；留美期间，他潜心研攻，志在兴国，下决心学成返国服务；回国以后，他献身国防，志在强国，成就了"两弹一星"伟业。

钱学森不辱使命、不负重托，赤胆忠心，为中华民族屹立于世界民族之林，为祖国强盛和人民幸福鞠躬尽瘁，贡献了毕生心智。他以炽热的爱国情怀和崇高的民族气节，以实实在在的爱国之情、报国之志、效国之行，向祖国和人民递交了一份完美的人生答卷。

二、以身许国的奉献精神

无私奉献、忘我工作是贯穿钱学森一生的品质风范，是他报效祖国、服务人民的动力之源。钱学森以国忧为己忧，以国富为己任，以国强为己荣，他对祖国科技事业的投入，达到了超凡脱俗的境界。他毅然舍弃专业研究，投身祖国国防科技事业；他淡然面对荣誉地位，科学大师风范可见一斑；他始终关心科教事业，倾心谋划国家长远发展。

钱学森数十年如一日，将自己的知识与智慧全部奉献给了祖国和人民，奉献给了祖国的社会主义事业，开创了举世瞩目、石破天惊的中国航天事业，捍卫了国家的安全，推动了民族的振兴，促进了社会的进步，并从整体上大幅推进了中国科学技术水平的提升，赢得了世人的敬仰和爱戴，不愧为中国科学界的一面旗帜。

三、严谨求实的科学品质

严谨求实是科学精神的本质和客观要求。钱学森自学生时代起就以严格的标准要求自己，以严谨的态度对待学业。无论是留学阶段还是学成回国后，钱学森一直提倡学术民主，反对学术专权，敢于挑战权威。他一直坚持学术标准和科学规范，对待科学问题一向严谨、严肃、严格，并将这种优良作风与优秀品质传授给年轻科技工作者和学术新秀，保持着一位杰出科学家崇高的学术操守和价值判断。

作为一名科技工作者，钱学森始终坚持科学标准，对待学术实事求是；一直紧跟科技前沿，科学追求永无止境；致力培养科技帅才，唯愿事业后继有人。

四、开拓进取的创新意识

钱学森勇于探索，开创科学技术新的领域。他总结近代科学技术发展的规律，由此提炼概括出技术科学思想与方法。他将技术科学思想方法推广到其他工程领域，创建了"工程控制论"和"物理力学"两门新的技术科学。

钱学森善于攻关，不断攻克国防科研难关。在主持中国航天技术研发过程中，他创造性地将技术科学思想与国家需求紧密结合，确立结合航天和国防建设需要开展科研的指导原则，突破了大量的关键技术，为许多重大航天项目的成功实施奠定了理论基础。

钱学森敢于突破，构建现代科学技术体系。晚年，钱学森运用博大精深的思想和敏锐的洞察力，广泛吸收现代科学技术各个领域的知识，融会贯通，提出综合集成方法，构建了现代科学技术体系结构，为祖国科技事业呕心沥血。

五、集智攻关的协同精神

"伟大的事业孕育伟大的精神。"大力协同是航天传统精神和"两弹一星"精神的核心凝聚，是中国航天事业成功的法宝。作为中国航天事业的奠基人，钱学森一直大力提倡团结协作、发扬技术民主、敢于承担责任，并成为协同精神的自觉倡导者和践行者。他在总结中国航天成功实践的基础上，提炼出从航天系统工程拓展到社会系统工程的总体设计部思想及解决开放复杂巨系统问题的方法论基础——从定性到定量综合集成方法，并由此开创了系统工程中国学派。

老骥伏枥，志在千里。晚年钱学森潜心学术研究，在构建现代科学技术体系过程中，通过与广大科技工作者和学术同仁不断通信，凝聚了一大批不同领域、不同学科、不同研究专长的专家学者，共同推动和促进学术协同创新。他以一位老科技工作者的身份为增强理论自信、推进协同创新殚精竭虑，厥功至伟。

六、甘为人梯的教育担当

教育强国，教书育人，为人师表，授人以渔，是钱学森历来积极倡导并身体力行的。钱学森一向重视教育和人才培养。他当年回国所干的第一件要事，就是尽快培养导弹和宇航方面的专业人才，并为之殚精竭虑。他撰写的《导弹概论》和《火箭技术概论》教材，带领学子们进入神秘的航天领域。在钱学森的大力倡议下，中国科学技术大学终于成立，他不仅担任近代力学系主任，而且亲自讲授"星际航行概论"课。桃李不言，下自成蹊。中国科学技术大学为国家培养了数万名高素质科技人才，其中不乏院士和将军，钱学森功不可没。作为大科学家，钱学森还以博大的胸襟，尽力帮助困难学子和青年才俊。爱心昭昭，情怀殷殷。

直到晚年，他最牵挂和思虑的仍然是教育和人才。他对前来探望的国家领导人反复提起的是如何大力培养杰出的科技人才，著名的"钱学森之问"发人深思。

钱学森甘为人梯的教育担当，体现了他始终将祖国强大、中华复兴、民族振兴放在第一位的爱国情怀。堪称典范，令世人敬仰。

钱学森是科学家精神的自觉践行者。习近平同志曾指出，我们要"学习钱学森同志的光荣感。他把群众的口碑当作自己无上的光荣"。诚如钱学森本人所言："我作为一名中国的科技工作者，活着的目的就是为人民服务。如果人民最后对我的一生所做的工作表示满意的话，那才是最高的奖赏。"钱学森精神是钱学森以服务国家、服务人民为最大光荣的真实写照，成为他留给中华民族的宝贵精神财富，值得广大科技工作者和全体中国人民永远学习并不断发扬光大。

2019 年是新中国成立七十周年，也是钱学森逝世十周年。回顾钱学森光辉灿烂的科学人生及其超凡脱俗的人格魅力，揭示钱学森精神的深刻内涵，大力弘扬以爱国主义为核心的民族精神和以改革创新为核心的时代精神，对于建设社会主义核心价值体系、实现中华民族伟大复兴的中国梦，具有重要的现实意义和恒久的历史价值。

.

目　录

第一章　爱国篇

人生的五次选择

　　古往今来，凡有大作为、成大器者必是能紧随国家发展的脉搏，进而把个人的命运和国家的命运相结合。钱学森怀着对祖国和人民的无限热爱与忠诚，做出五次重要的人生选择。这五次选择都以国家利益为重，以人民利益为重，他将炽热的爱国情怀融入学习和工作中，将个人的兴趣爱好与祖国的迫切需要紧密结合。

人生第一次选择——学习铁道工程

　　1929 年，钱学森报考大学前夕，他的中学数学老师认为他数学好，应报考数学系，将来当数学家；国文老师认为他文章写得好，应报考中文系，将来当作家；美术老师认为钱学森在艺术上有天赋，建议他学画画，将来当画家；而钱学森的母亲章兰娟希望他子承父业，建议他学教育，将来当教育家。此时钱学森已经有了自己的主意，做出了人生的第一次选择：学铁道工程，学造火车头。中学时，他经常听老师讲孙中山的《建国方略》。孙中山在《建国方略》中给出了一整套振兴国家的设想，为了让衰败的中国迅速复兴，提出要发展交通，尤其要发展铁路交通。钱学森受这一观念的影响，报考了交通大学机械工程学院，学的就是铁道机械工程专业，当时叫铁道门。

人生第二次选择——改学航空工程

正当钱学森在交通大学憧憬着毕业后做詹天佑式的铁道工程师时，1931 年和 1932 年先后发生了"九一八"事变和"一·二八"事变。在"一·二八"事变中，日军飞机对上海狂轰滥炸，给中国军民造成惨重损失。在校园里目睹着天空中肆虐的日军飞机，钱学森做出了人生的第二次选择：改学航空工程，学造飞机。此后，他利用课余时间把交大图书馆里所有航空方面的书都读了一遍，还发表了多篇关于航空方面的文章。钱学森从交通大学毕业后考取了清华大学庚款留美公费生，专业是航空工程，当时叫航空门。在出国前，他根据清华大学的安排，在杭州中央飞机制造厂、南昌第二航空修理厂、南京第一航空修理厂、上海高昌庙海军制造飞机处参观实习了大半年。

國立清華大學考選留美公費生揭曉通告 廿三年十月二日

本大學本屆考選留美公費生各門成績業經留美考試委員會詳慎審核決定各門錄取名額公布如次

歷史學門（注重國史）一名　楊紹溪
考古學門一名　夏鼐
油糧工業門一名　孫令衡
造紙工業門一名　時鈞
陶瓷工業門一名　溫步頤
理論流體學門一名　王竹溪
高空氣象學門一名　趙九章
海產動物學門一名　蕭之的
應用植物生理學門一名　殷宏章
農學門（注重選種）一名　湯湘雨
農村合作門一名　揚蔚
人口問題門一名　趙鑄
國勢潛查統計門一名　戴世光
勞工問題門一名　黃開祿
成本會計門一名　朱作楠
國際私法門一名　費青
地方行政門一名　曾炳鈞
水利及水電門（河工組）一名　張光斗
水利及水電門（水電組）一名　徐芝綸
航空門（機架組）一名　錢學森

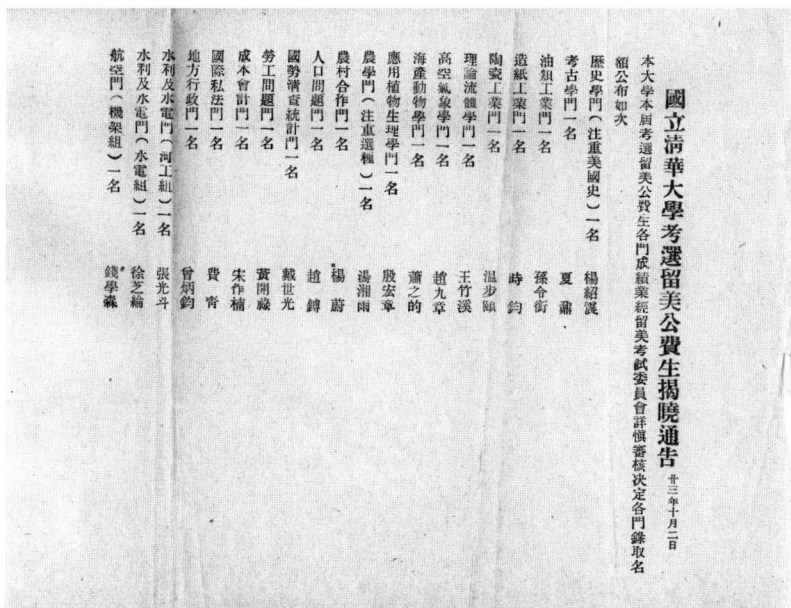

1934 年清华大学考选留美公费生揭晓通告。

人生第三次选择——改学航空理论

　　1935 年 9 月，钱学森来到美国麻省理工学院航空工程系读研究生，一年后获航空工程硕士学位。在学习过程中，他发现当时航空工程的工作依据基本上是经验，很少有理论指导。钱学森认为，如果能掌握航空理论，并以此来指导航空工程，一定可以取得事半功倍的效果。另外，当时美国的航空工厂普遍歧视中国人，钱学森在硕士毕业后无法进入工厂实习以获得必要的航空工程实践经验。基于以上几点考虑，他做出了人生的第三次选择：从做一名航空工程师，转为研究航空理论。钱学森向当时最擅长航空理论研究的加州理工学院提出入学申请，并成为世界著名力学家冯·卡门教授的博士生。在冯·卡门的指导下，钱学森迅速成长为航空理论界的青年才俊。

人生第四次选择——改做航天工程

1955 年，钱学森回国后不久，国防部长彭德怀元帅指示陈赓大将询问钱学森，中国人自己搞导弹行不行？钱学森的回答非常肯定，但他并没有料到国家会把研制导弹、火箭的任务交给他，让他来做技术方面的负责人。国家的需要使钱学森做出了他人生的第四次选择：从学术理论研究转向大型科研工程建设。钱学森晚年曾经跟他的秘书说："我实际上比较擅长做学术理论研究，工程上的事不是很懂，但是国家叫我干，我当时也是天不怕地不怕，没有想那么多就答应了。"钱学森干起来之后才发现原来做这个事困难那么多，需要付出那么多的精力，而且受国力所限，国家只能给这么一点钱，所以压力非常大。他以国家的需要作为自己工作的选择，义无反顾投身于中国航天事业，并且出色地完成了国家交给他的任务。

人生第五次选择——重回科学研究

1982 年，从国防科研领导岗位退下来的钱学森已经 71

岁了。为国家做出了这么大贡献，钱学森完全可以休息了，写写回忆录，做做报告，但是他又做出了人生的第五次选择：再次回到学术理论研究当中。此时全国上下都憋着一股劲，要把被"文革"耽误的时间夺回来。钱学森认为，自己没有任何理由置身事外。从 71 岁到 85 岁，他以独到的研究视角在马克思主义哲学、自然科学、社会科学、数学科学、系统科学、思维科学、地理科学、军事科学、建筑科学等领域进行不懈的探索，提出了一系列重大而富有建设性的思想。在我国社会主义现代化建设的伟大征途中，钱学森的很多思想如系统工程思想、综合集成思想、总体设计部思想等已在国民经济、军队建设以及社会发展中产生了重要影响。钱学森非常看重自己晚年的科研成果，他曾经对堂妹钱学敏教授说："我这些年来和你们一起研究和探讨的这些问题与设想，才是我回国以后开创性的、全新的观点和理念。它的社会意义和对现代科学技术发展的重要性，可能要远远超过我对中国'两弹一星'的贡献。"

"出国留学，目的就是要回祖国效力"

无论是在新中国成立前后，还是在改革开放后，都有很多中国留学生在美国完成学业后选择回国报效祖国，钱学森是他们中的杰出代表。作为中国留学生，他们在学成之后的选择在很大程度上取决于他们最初选择出国留学的目的。钱学森一开始就是抱着学成之后报效祖国的目的赴美留学。他在交通大学求学期间非常关心国家大事，积极要求进步，参加了中国共产党的外围组织。

在 1930 年暑假即将结束时，钱学森染上了伤寒，不得不申请办理休学一年的手续。休学期间，钱学森与表弟李元庆有了很多交往。李元庆生于 1914 年，他母亲钱家礼是钱学森父亲钱均夫（钱家治）的堂妹。1930 年，李元庆考入杭州国立艺术专科学校学习钢琴、大提琴。李元庆在思想上非常进步，以至于家人都说他是共产党。当时国民党一度要抓李元庆，他只好躲到亲戚家暂住。李元庆经常向钱学森介绍左翼文化运动，引导他关注民族的危亡，并偷偷向他推荐各种进步书籍。后来，李元庆成长为著名的大提琴家，并在1941年10月偕夫人李肖前往革命圣地延安，担任延安鲁迅艺术学院音乐系教师。

在李元庆的影响下，钱学森到杭州的书店购买了李铁声翻译、布哈林著的《辩证法底唯物论》。布哈林是苏联共产党和共产国际的领导人之一，马克思主义理论家和经济学家，曾经被誉为苏共"党内头号思想家"。该书由上海江南书店于1929年5月出版。钱学森还购买了鲁迅翻译、普列汉诺夫著的《艺术论》。普列汉诺夫被誉为"俄国马克思主义之父"。该书是用唯物史观写成的，由上海光华书局于1930年7月出版。钱学森通过阅读这两本书对马克思主义哲学有了初步的了解。他想了解一下反面的观点，于是又阅读了介绍西方哲学史的著作和胡适的《中国哲学史大纲》（上册）。经过分析和比较，钱学森认识到只有马克思主义哲学才是真正的科学。此后，他还阅读了马克思的《资本论》和其他进步书籍，从而进一步开阔了眼界。1958年，钱学森在向党组织交心时回忆说："这一年是我思想上有很大转变的一年：我在这一年里第一次接触到科学的社会主义思潮，在我脑筋里树立了对共产主义的信念。我觉得要中国能得救，要世界能够大同，只有靠共产党。"

1931 年"九一八"事变爆发后，钱学森参加了交通大学组织的赴南京请愿活动，抗议国民政府的不抵抗政策，请求政府出兵抗日。此后，他开始有意接触中国共产党的外围组织，参加了共产党员乔魁贤领导的学习小组。钱学森积极参加共产党领导的"抵制日货""将日本侵略者赶出东北三省"等爱国游行示威运动。罗沛霖是钱学森在交通大学和加州理工学院的校友，在交通大学读书时比钱学森低一届，两人在音乐上有共同的兴趣爱好。1936 年夏，钱学森从麻省理工学院致信罗沛霖，信中说，我们找机会去莫斯科（当年进步青年心目中的圣城）。罗沛霖正是受到钱学森的影响才决定追随中国共产党，在 1938 年初奔赴延安参加革命。

1935 年 8 月，钱学森从上海黄浦江码头登上美国邮船公司的"杰克逊总统号"邮轮，怀着"航空救国"的远大理想，赴美深造。临行前夕，同学们纷纷赠言留念，期待他学成归来，报效祖国。钱学森专门向交大同学、共产党员戴中孚表露了自己的心声："现在中国政局混乱，豺狼当道，我到美国去学技术是暂时的，学成之后，一定回来为祖国效力。"戴中孚赞许道："你的想法很好。中国确实有很多事情要做。你学成归国后是大有可为的！"

1983 年 9 月 8 日，钱学森在办公室会见来访的黑龙江省委党校副教授刘奎林时谈到出国及回国感受时说："出国留学，目的就是要回祖国效力，人人都有祖国，中国的文化叶茂根深，从小就接受伟大而渊博的中华文化的熏陶，人人都有为中

FIRST CLASS

1935 年 8 月，钱学森从上海登船赴美。

华民族振兴的远大理想。我的根在中国，我的魂一刻也没有离开中国。"正是因为钱学森出国留学的初衷就是为了更好地报效祖国，所以他在新中国成立后毅然放弃在美国优越的生活条件和工作条件，克服重重困难坚持回国。

"把我的知识贡献给新中国"

　　一名留学生在完成学业后是否选择回国效力不仅取决于他出国留学的初心，还取决于他是否随着岁月流逝而始终保有初心。钱学森在美国学习和工作了 20 年，始终没有忘记学成回国报效祖国的初心。

　　1947 年 3 月，钱学森被麻省理工学院聘为正教授。7 月初，他离美回国探亲。9 月 17 日，钱学森和蒋英在上海沙逊大厦（1956 年改名为和平饭店）举行了隆重的婚礼。就在这次回国探亲时，国民党政府委托胡适邀请他出任交通大学校长，钱学森不愿为腐败无能的国民党政府装点门面，因此在 9 月 27 日匆忙返回美国。蒋英在办理好相关手续后，于 1947 年 12 月前往美国与钱学森会合。1948 年底，钱学森看到祖国的解放战争胜利在望，开始为回国做前期准备。他因此向美国军方申请辞去兼任的各种顾问职务，但直到 1949 年秋才得到批准。1949 年 3 月，正在美国留学的钱学森好友、交大校友、中共党员张大奇接到了党组织要求他回国的电报。回国前夕，他在波士顿组织了一次中国留学生的聚会。钱学森应邀出席了这次聚会，并且和张大奇面谈回国事宜。张大奇指出，中国共产党是祖国和人民的希望。他希望钱学森能够早日回国参加新中国建设事业。钱学森当场表示：看到张大奇即将回国，感到自己落后了，心有不安。张大奇见状安慰和鼓励了钱学森。

1949 年 5 月 14 日，在香港大学任教的中国共产党员曹日昌根据党组织的指示给钱学森写了一封信，转达了祖国希望他早日回国参加建设的殷切希望。信中说：

听好几位留美的同学提到您，可惜我们没有见过面。近来国内的情形想您在美也知道得很清楚：全国解放在即，东北、华北早已安定下来了，正在积极恢复建设各种工业，航空工业也在着手。北方工业主管人久仰您的大名，只因通讯不便，不能写信问候，特命我代为致意。如果您在美国的工作能够离开，很希望您能很快地回到国内来，在东北或华北领导航空工业的建设。尊意如何，盼赐一函。一切旅程交通问题，我都可尽力襄助解决。最后，我作一个自我介绍，我是学心理学的，现在香港大学任教。因为香港接近国外，国外朋友回国的多数经过香港，我就顺便地招呼一下。

5月15日，曹日昌给他熟悉的中国旅美科学家葛庭燧写了一封信，委托葛庭燧转交他写给钱学森的信。信中说：

在政治上纯洁，有"一技之长"的，我们一律欢迎。盼兄长多多鼓励他们回来。另有一事相托。钱学森先生，想你认识，否则请打听一下。北方当局很希望他回来，要我约他，我不知道他的通讯处，附函请代转交，并请对他多鼓励一番，他能回国最好！拜托，拜托。

葛庭燧时任"美中科协"理事会主席，积极参加中共中央南方局领导的海外统战工作。1949年5月20日，葛庭燧把曹日昌的邀请信转给钱学森，并且附上自己写给钱学森的一封信。信中说：

顷接曹日昌兄由香港来信，附有致兄一信，谨此奉上，请查收。曹兄系清华同学，曾留学英国，现任香港大学心理学教授。据悉，伊现为国内外联络人之一，此次致兄信系遵北方当局之嘱。敦请吾兄早日返国，领导国内建立航空工业。曹兄来信虽语焉不详，但是很可见北方当局盼兄归国之切。如兄愿考虑最近期内回国，则一切详细情节自能源源供给。据弟悉，北方当局对于一切技术的建设极为虚心从事，在为人民大众服务的大前提下，一切是有绝对自由的。以吾兄在学术上造诣之深及在国际上的声誉，如肯毅然回国，则将影响一切中国留美人士，造成早日返国致力建设之风气，其造福新中国者诚无限量。

不久之后，正在加州理工学院攻读博士学位的钱学森好友、交大校友罗沛霖来到麻省理工学院与钱学森谈心。罗沛霖和张大奇一样，也是根据党组织的指示，并由党组织资助来到美国留学，同时开展统战工作。1949 年，罗沛霖在加州理工学院创办了"留美科协"的分会并成为负责人。在得知钱学森收到中共方面的来信后，罗沛霖指出钱学森回国服务的时机到了，随即介绍了自己此前在延安的所见所闻。钱学森向罗沛霖表示："你不知道我多么盼望新中国成立，我想尽快回到国内，实现留学美国的最终目的，把我的知识贡献给新中国。"

1949 年 7 月，钱学森回到加州理工学院任教，罗沛霖专门组织了一个中国留学生欢迎钱学森夫妇的晚会。此后，罗沛霖几乎每个星期六都是在钱学森家度过的，不时向他传递国内的最新消息。钱学森当时已经开始积极准备回国，因此虽然参加罗沛霖组织的"留美科协"活动，但是从来不被列入名单，以免引起不必要的麻烦。10 月 6 日，加州理工学院中国同学会组织了中秋晚宴，罗沛霖、罗时钧、庄逢甘、郑哲敏等留学生和钱学森夫妇近 20 人聚在一起，在加州理工学院北面的竞技公园庆祝中华人民共和国成立。在看到香港《大公报》关于新中国的相关报道后，钱学森以儿子钱永刚的名义购买了 500

美元的胜利公债。

1950 年 6 月 6 日，在"麦卡锡主义"的阴影下，钱学森被取消了接触军事机密工作和航空技术研究的资格。同日，两名联邦调查局探员来到钱学森的办公室，宣称有足够的证据表明：钱学森是美国共产党党员，化名约翰·德克尔，早在 1939 年就成为美国共产党帕萨迪纳第 122 教授小组的成员，在 1947 年入境时隐瞒了自己的身份，属于非法入境。钱学森义正词严地驳斥了这些指控。6 月 19 日，当联邦调查局探员再次上门时，钱学森把一份事先准备好的声明交给他们。钱学森在声明中写道："当年我成为一位受欢迎的客人的情境已经不在了，一片怀疑的乌云扫过我的头上，因此，我所能做的事就是离开。"钱学森告诉来人，这份声明已经同时交给加州理工学院的领导，因为这份声明也是他决定辞去加州理工学院一切工作的辞呈。

1950 年 6 月 26 日，钱学森的女儿出生，取名永真。不久，钱学森和夫人蒋英、罗沛霖一起去洛杉矶的总统轮船公司办事处购买前往香港的船票。为了尽快离开美国，罗沛霖不得不买了从夏威夷中途上船的票。钱学森因为不是学生身份，被告知无法预订船票，后来在国际商业联合会的帮助下预订了加拿大太平洋航空公司从温哥华到香港的机票。钱学森一家的行李则交给总统轮船公司的"威尔逊总统号"托运至香港。7 月底，蒋英雇了一家包装公司，将他们的家具行李，特别是书籍和资料打包装箱，准备由"威尔逊总统号"邮轮托运到香港，再转运至上海。

"我忠于中国人民"

　　钱学森一直忠于中国人民，也就拥护全心全意为人民服务的中国共产党。在被美国政府软禁期间，钱学森进行了勇敢而机智的斗争。1950 年 8 月 21 日上午，钱学森在华盛顿当面告知美国海军部次长金波尔自己将在一周后动身回国。8 月 23 日，金波尔再次劝说未果，气急败坏地立即给司法部打电话，禁止钱学森离美。当天下午，钱学森乘飞机返回洛杉矶。他刚下飞机，一位移民局的官员就告知他：美国政府已禁止他出境。此后，莫须有的罪名接踵而至：海关扣押了钱学森的所有行李，诬蔑他企图携带"机密资料"出境，触犯了《出口控制法》。

　　1950 年 9 月 7 日，钱学森遭到美国司法部的无理拘禁，随后被关押在洛杉矶以南特米诺岛的移民局拘留所。15 天的非人折磨，使钱学森瘦了 30 磅，还暂时失去了语言能力。钱学森在被重金保释后仍无人身自由，联邦调查局和移民局根据麦卡锡法案，继续对他进行监视和跟踪。其间，联邦调查局和移民局为查清钱学森是否是共产党员，还多次举行所谓的"听证会"，对钱学森进行审讯。

1950 年 11 月 15 日，针对钱学森驱逐问题的第一次正式听证会在洛杉矶移民局召开。主持这次听证会的是听证官罗伊·沃德尔，主要审问者是司法部驻洛杉矶移民归化局检察官艾伯特·德尔·古尔丘，书记员是玛丽·克林顿，钱学森的辩护律师是格兰特·库伯，另外还有一些旁听者和新闻记者。沃德尔在宣布对钱学森指控的罪名后，便将审讯交给检察官古尔丘进行。古尔丘是一位凶狠的检察官，在 20 世纪 20 年代时便当了反颠覆活动的侦探。现在他又加控钱学森违反了 1950 年颁布的颠覆活动管制法案。古尔丘从钱学森出生问起，一直问到他初到美国的情形，问到他 1938 年至 1939 年间在加州理工学院时是否参加共产党组织和共产党的会议，以及他同西德尼·威因鲍姆、杜布诺夫夫妇、弗兰克·奥本海默和弗兰克·马林纳的关系等等。

随着审讯的进展，古尔丘的提问也越来越咄咄逼人。

古尔丘："你不准备去国民党统治下的中国台湾吗？"
钱学森："我没有计划。"

1950 年 11 月，钱学森在听证会上。

古尔丘："那你忠于谁？"

钱学森："我忠于中国人民。"

古尔丘："中国人民指的是谁？"

钱学森："是四亿五千万人。"

古尔丘："你感觉你是否忠于中国的国民党政府？"

钱学森："如果他们执政，如果他们为中国人民做好事，
我就忠于他们。"

古尔丘："他们是这样吗？"

钱学森："那我们就要看看。"

古尔丘："你在内心中不确定他们是这样吗？"

钱学森："他们之前没有做好事。"

古尔丘："现在的共产党政府是不是在为中国人民做好事？"

钱学森："我不知道。"

古尔丘："你不知道还去那里？"

钱学森："如果我待在那里，我会发现的。"

古尔丘："你想怎么处理你随身带走的那些资料——有关航空和喷气推进的资料？"

钱学森："那是我知识的一部分，是属于我的。"

古尔丘："你想怎么处理它？"

钱学森："那就保留在我心中。"

古尔丘："你会让它对中国有用吗，共产主义中国？"

钱学森："这是我的财产。我有权决定给任何人，就像把我的能力卖给任何人一样。"

古尔丘："但是你没有想过要去国民党政府统治的台湾吗？"

钱学森："因为我回中国的主要目的是解决家庭问题，碰巧我父亲不是在台湾。"

　　钱学森机智地回应了检察官的刁难，既表明了自己对祖国的热爱，又没有被对方抓住亲共的证据。

"我是一名中国科学家"

在美国 20 年，钱学森虽然长期享有优越的工作和生活条件，但是他从来没有忘记自己是一位客居在美国的中国科学家，从来都不认为自己是一位美国科学家。钱学森在 1949 年被聘为加州理工学院"戈达德"教授后，在美国科学界享有空前显赫的地位。就在钱学森精心筹划喷气推进中心工作的时候，钱学森被怀疑为美国共产党员，并被吊销了从事机密研究许可证。随后，经过四次正式听证会，虽被判处驱逐出境，但同时规定驱逐行动需要等待进一步的指令，钱学森过着被软禁的生活。

1954 年，钱学森在被美国政府软禁期间写成的专著《工程控制论》出版后在科学界引起了强烈的反响。《科学美国人》杂志希望就钱学森的科学贡献作专题报道，该杂志编辑杰奎斯·卡特尔也希望将钱学森的名字列入美国科学团体。在杰奎斯·卡特尔将这个想法告诉钱学森后，却遭到了钱学森的明确拒绝，并希望将名字从杂志中删除。

1954 年 6 月 25 日，杰奎斯·卡特尔再次致函钱学森，询问他为什么强烈建议将名字从杂志中删除。杰奎斯·卡特尔在信中说："我们对你在生平事迹下面所作的不希望列入《科学美国人》的意见表示困惑。我们希望你能说明一下。"信中还说："一般情况下，人们希望将名字列入其中，而你则希望将名字从杂志中删除。"6 月 30 日，钱学森复函杰奎斯·卡特尔，信中说："（一）虽然我对美国的很多科学家充满崇敬之情，但是如果把科学家作为一个整体来看的话，我难有同感。换句话说，如果把我确定为美国科学家团体中的一员，我感到很羞辱。（二）事实上，我并不是美国科学家，我是一名中国科学家。目前只是由于美国政府的命令将我滞留在这个国家而已。"钱学森在信的最后说："我希望你能理解这些理由，将我的名字从即将编辑出版的《科学美国人》中删除。"

1954 年 8 月 4 日，美国科学促进会业务主管汉斯·努斯鲍姆致函钱学森，告知他入选新一年度美国科学促进会会员。信中说："根据我们的记录，我们还没有收到你 1954 年度的会费。请你把附件中的卡片和汇款一同寄过来。收到这些材料后，我们将把会员证书寄给你。"8 月 13 日，钱学森复函汉斯·努斯鲍姆，表达了与写给《科学美国人》编辑信件基本一致的态度，他不愿被视为一名美国科学家。

"我的前途在中国"

　　旅美期间，钱学森始终没有忘记祖国的召唤，一直希望回国后能够贡献自己的聪明才智。1955 年 8 月，钱学森从美国政府接到可以离境的通知后，立即去买船票。得知最近启航的"克利夫兰总统号"只有三等舱船票，归心似箭的他当即买下，只求能早日回国。等钱学森一家人上了船才知道，当时并不是已经没有头等舱、二等舱的船票，而是美方故意不卖给他们，想借此刁难拖延他们的回国行程。直到船行至横滨，钱学森一家经由同船的一位美国女权主义运动领袖的帮助，才将原来的三等舱升至头等舱。

　　1955 年 9 月 17 日下午，钱学森一家在弗兰克·马勃和加州理工学院其他同事的陪同下，来到洛杉矶港口，等待登上"克利夫兰总统号"邮轮。同时，联邦调查局探员罗杰·沃

1955 年 9 月 17 日，钱学森登上 "克利夫兰总统号" 邮轮。

尔科特也来到码头上监督钱学森离境。码头上还挤满了很多记者，他们纷纷向钱学森发问。

《洛杉矶时报》记者追问钱学森是否还打算回美国，钱学森回答说："我很高兴能够回到自己的国家。我不会再回来，我没有理由再回来，这是我想了很长时间的决定。今后我打算尽我最大的努力帮助中国人民建设自己的国家，以便他们能过上有尊严的幸福生活。"人们注意到，钱学森特别加重了"尊严"这个词。

当时有人说，钱学森憎恨美国，因为美国政府下令驱逐他出境，同时又命令他不准离开美国。当有记者问钱学森是否憎恨美国时，钱学森说："我并不恨美国人民。当你被一条狗咬的时候，你不能够恨那条狗，只能够恨那条狗的主人。"

当有记者问他"是否将帮助中国政府重整军备"时，钱学森回答说："这是一个我拒绝加以答复的假设性问题。"他还说："我是同情中国政府的，我相信我的前途在中国。全世界人民都是一样的，都在谋求和平和追求幸福。"

因为火箭这个话题过于敏感，钱学森努力淡化自己的特殊身份，专门纠正记者所说的他是一位火箭专家的观点。钱学森说："我不是一个火箭专家，我只是一个帮助工程师解决问题的应用科学家。火箭方面的科学只是这个领域的一小部分。"

"我终于回来了"

　　在克服重重困难后，钱学森终于怀着无比兴奋的心情，回到了朝思暮想的祖国。1955 年 10 月 8 日中午，钱学森一行通过罗湖桥回到祖国大陆，受到中国科学院代表朱兆祥的热烈欢迎。钱学森后来在回忆文章里说："对我个人来说，深圳是我滞留美国二十年后，于 1955 年乘客轮横渡太平洋，在九龙登陆后，走上祖国的第一站！我也记得在边界就见到五星红旗和毛主席像的激动心情！……经过短短的火车行程，我们中的一位同志大声喊'看，五星红旗'。是的，这是我们的红旗，如此鲜艳。在中午太阳的光照下熠熠闪光。我们所有人突然沉静下来，很多人眼里噙着泪花。我们跨过了桥，我们来到了我们的国家，我们的祖国，我们引以为豪的国度——一块五千年文明从未间断的土地。我们还从扩音器里听到'欢迎你，同胞们！整个国家欢迎你！我们现在正处在五年计划的第三年，我们需要你。让我们一起工作，为更加美好、更加富饶的生活努力吧！'这时，我们感到异常的兴奋。"

朱兆祥代表中国科学院除迎接钱学森一家外，还迎接与钱学森一家一路同行的李整武、孙湘教授一家。会合后，他们一起步行去深圳火车站事先准备好的接待室休息。进入接待室坐定后，朱兆祥把中国科学院副院长吴有训与陶孟和的欢迎函面交给钱学森。函述：

> 学森先生：先生排除万难返回祖国，我们感到无比欣慰。兹特派朱兆祥同志代表中国科学院前来欢迎。希望不久就能和您在北京相会。

钱学森看完，激动不已，立刻站了起来，再次和前来迎接他的朱兆祥握手，然后走到李整武教授的跟前说："整武兄，这下我们真的到了中国了。恭喜！恭喜！"随后，两个人又激动地握手，如获新生，兴奋之情溢于言表。

钱学森回国后在朱兆祥的陪同下，先后到广州、上海、杭州参观或探亲，一路上感受着党和政府对他周到细致的关怀，同时看到祖国进步神速、欣欣向荣，发自内心地认同中国共产党的英明领导。10 月 28 日上午，钱学森一家抵达北京火车站。中国科学院副院长吴有训和首都著名科学家华罗庚、周培源、钱伟长、赵忠尧等二十多人到车站迎接。钱学森一家被临

1955 年 10 月 28 日，中国科学院副院长吴有训等在北京火车站迎接钱学森。

时安排入住北京饭店的 256、257 房间。在他回到北京的第二天清早，他就带着妻子和两个孩子去观看他们曾经在美国日夜想念的天安门。站在天安门广场上，想着毛泽东主席当年在天安门城楼上宣布中华人民共和国成立的场景，钱学森越发感到祖国的伟大和可爱。面对高高飘扬的五星红旗，钱学森感慨道："我相信我一定能回到祖国，现在，我终于回来了！"

  钱学森不仅自己回来报效祖国，还动员更多的留美学生回国参加社会主义建设的高潮。1955 年底，钱学森、李整武、师昌绪、谢家庆、许国志等七十名刚回国的留学生联名写了一封题为《写给留美的中国同学们》的公开信。信中说：

> 我们是最近回到祖国的一群，经过几个月的观察和生活后，使我们感到有向你们作一个真切详尽报道的责任。一方面可以满足你们对祖国建设关怀的热诚，另一方面使你们明了我们回国后的实况，用来协助你们选择一条最光明最有意义的道路。

信中还介绍了社会主义新中国蒸蒸日上的各方面情况，并在信的最后指出：

> 希望能使同学们对新中国有一个新的认识。中国需要建设，需要每个中国人的帮助。她的康乐富强是大家的荣誉，也是由大家的血汗洗刷出来的，目前的新中国的科学事业，正当发展时期，需要人力的培植，不但需要基层干部，尤其需要高级教学及研究领导人员。祖国期待着你们早日回来，参加光荣的愉快的建设工作。

"难道中国人比外国人矮一截不成？"

　　钱学森 1955 年回国后，被安排在中国科学院工作，筹备建立力学研究所。为了让他深入了解我国工业建设成就和技术发展的水平，更好地结合经济与国防建设的需要来安排力学研究所以后的工作方向，中国科学院安排钱学森到当时工业基础较好的东北地区考察。1955 年 11 月 20 日，国务院专门向东北地区各省市委发电报，要求做好接待钱学森及其安全保卫工作。

　　从 1955 年 11 月 22 日到 12 月 21 日，钱学森在东北地区参观访问了一个月。11 月 23 日，钱学森一行到达哈尔滨。钱学森提出，他有两个朋友庄逢甘、罗时钧在哈尔滨工作，希望这次能见到他们。经了解，他们在哈尔滨军事工程学院工作，哈军工的保密要求很严，参观该校未被列入钱学森东北考察的日程。经黑龙江省委紧急请示中央有关部门，钱学森被获准参观该校。

　　1955 年 11 月 25 日，哈军工院长陈赓大将特意一大早乘飞机从北京赶回哈尔滨，在哈军工王子楼前迎接钱学森并陪同他参观，朱正、周明鸂等交通大学校友也陪同参观。任新民教授陪同钱学森参观"二系（炮兵工程系）实验室"并作详细介绍，大家交流了对我国研制火箭的看法。当晚，陈赓院长设宴款待钱学森。陈赓大将根据国防部长彭德怀元帅的指示，特意问钱学森："钱先生，您看我们能不能自己造出火箭、导弹来？"钱学森不假思索，脱口而答："有什么不能的，外国人能造出来的，我们中国人同样能造得出来，难道中国人比外国人矮一截不成！"陈赓听到这句话惊喜万分，立即上前握住钱学森的手说："好！我就要您这句话。"钱学森的这句话，饱含着强烈的爱国热情、严谨的科学判断和敢于承担风险的无畏精神，可谓一诺千金！也正因为这句话，最终促使当时的中国国家领导人下决心发展导弹技术。

　　陈赓大将接待完钱学森后，立即飞回北京，向国防部长彭德怀汇报了这一振奋人心的消息。1955 年 12 月下旬，钱学森从东北回到北京后不久，心情急切的彭德怀便亲自向钱学森征询如何搞导弹的具体意见。在饶有兴趣地听完钱学森对导弹技术知识的讲述之后，彭德怀觉得大长见识，便指示陈赓安排钱学森给在京军队高级干部讲课，让大家都开阔眼界，长长见识。1956 年元月，钱学森在北京新街口总政文工团排演场（现为总政歌剧院）为在京军队高级将领作火箭导弹技术的讲演，连讲三天，盛况空前，引起我军高级将领的极大兴趣。

"建国百年之际，中国必然强盛"

1987 年 3 月，钱学森作为中国科协主席应邀率团访问英国。3 月 20 日晚，中国驻英使馆为代表团举行招待会。钱学森在招待会上向中国留学生发表讲话，谈"建国百年之际，中国必然强盛"的问题。

钱学森首先回忆说："那个时候，我虽是个小学生，但有一条是清楚的，不能当亡国奴。不当亡国奴，要前进。那时中国共产党已经成立了。我们当学生的，就相信鲁迅先生。鲁迅先生是拥护中国共产党的，我们也拥护中国共产党。因为鲁迅教育我们中国的出路只有共产党这一条，没有其他出路。鲁迅先生是总结了历史的教训后得出这个结论来的。中国 300 多年的历史证明不可能有其他的道路。只有一条道路，这就是马克思列宁主义的科学社会主义道路。"

1987 年 3 月，钱学森在访问英国期间到位于伦敦的马克思墓前献花。

　　钱学森接着展望说："在共产党的领导下，全国人民团结起来为建设社会主义而奋斗。现在的问题是怎么建设我们的社会主义。我们不仅要看到现在的 20 世纪 80 年代，还要看到本世纪末。这还不够。因为到了 2000 年我们的人均生产总值还落后于世界上发达国家，要到 21 世纪中叶才行。从现在算起还有六七十年。我是个老人了，看不到了，希望诸位能够看到。我们要争取有个和平建设时期，抓紧这个机会，把我们的社会主义建设搞上去。到了建立新中国 100 周年（2049 年）的时候，国家的人均产值能够接近那时的世界先进水平。大家可别忘了，这是 10 亿人口的中国人的水平。那时候，我们中华人民共和国就无敌于天下。"

钱学森最后勉励留学生们说："你们应该多想想，如何使我们国家在总的方针政策指导下，科学技术搞得比同我们竞赛的国家高一筹。让我们共同为祖国科技出力！"面对当时国内资产阶级自由化思想泛滥的现象，钱学森挺身而出，在老牌资本主义国家的土地上，敢于同留学生直抒心声，讲只有共产党领导，只有社会主义才能救中国，才能建设中国的道理。钱学森的这次报告在中国留英学生中引起了非常强烈的反响。

招待会结束后，很多中国留学生来到钱学森下榻的饭店，与钱学森促膝谈心。有中国留学生问："当年你为什么选择了回归祖国这条道路？"钱学森回答说："我自己为什么要走回归祖国这条道路？我认为道理很简单——鸦片战争近百年来，国人强国梦不息，抗争不断。革命先烈为兴邦，为炎黄子孙的强国梦，献出了宝贵的生命，血沃中华热土。我个人作为炎黄子孙的一员，只能追随先烈的足迹，在千万般艰险中，探索追求，不能顾及其他。再看看共和国的缔造者和建设者们，在百废待兴的贫瘠土地上，顶住国内的贫穷，国外的封锁，经过多少个风雨春秋，让一个社会主义新中国屹立于世界东方。想到这些，还有什么个人利益不能丢掉呢？"

"我的事业在中国，我的成就在中国，我的归宿在中国"

　　1989 年 6 月 29 日，国际技术与技术交流大会、国际理工研究所将 1989 年度"小罗克韦尔奖"授予钱学森博士，以表彰他对"中国火箭导弹技术、航天技术和系统工程理论做出的重大开拓性的贡献"。这项奖项是当今世界上理工界科学家所获得的最高奖项。每年最多奖励三人。同年和钱学森获得此奖的是美国"氢弹之父"、著名物理学家爱德华·泰勒博士以及法国著名物理学家罗伯特·克拉皮施博士。钱学森一如既往地拒绝前往美国领奖，国际理工研究所只能把奖章和证书等交给中国驻美国大使韩叙。

　　1989 年 8 月 2 日，钱学森所在单位国防科工委收到中国驻美国大使韩叙转来的国际理工研究所授予钱学森"小罗克韦尔奖章""世界级科技与工程名人"称号及"国际理工研究所名誉成员"的奖章、证书和文件，但尚未向钱学森本人报告。国防科工委科技委副秘书长王寿云表示，由他向科技委副主任兼秘书长聂力报告，请示以何种方式正式向钱学森颁发奖章和证书。聂力接到报告后，请示了国防科工委丁衡高主任和邢永宁政委。当天晚上，聂力通知钱学森的秘书涂元季：丁主任、邢政委指示，要在国防科工委举行一个小型颁奖仪式，他们亲自参加，由科技委主办，并请中国科协的领导同志出席（因钱学森同时还担任中国科协主席），时间定在8月3日下午。聂力还要求涂秘书第二天上午口头向钱学森报告。8月3日上

1989年8月，钱学森在国内领取"小罗克韦尔奖"奖章和"国际理工研究所名誉成员"奖章。

午，涂秘书向钱学森报告获"小罗克韦尔奖"及下午国防科工委的小型颁奖仪式等事宜，并说明这是丁衡高主任和邢永宁政委决定的。钱学森只好表示同意。

1989 年 8 月 3 日下午，在国防科工委办公大楼六层西会议室召开祝贺钱学森荣获国际理工研究所颁发的"小罗克韦尔奖"等三项荣誉会议。国防科工委主任丁衡高，政委邢永宁，科技委主任朱光亚，副主任聂力，科技委副秘书长王寿云等出席，中国科协副主席张维、庄逢甘，书记处书记高潮，国际部副部长韦田光等也出席了会议。丁衡高、邢永宁、高潮致贺词。钱学森在答谢讲话中说："回想起来，我从 1935 年去美国，1955 年回国，在美国待了 20 年。20 年中，前三四年是学习，后十几年是工作，所有这一切都是在做准备，为了回到祖国后能为人民做点事。我在美国那么长时间，从来没想过这辈子要在那里待下去。我这么说是有根据的。因为在美国，一个人参加工作，总要把他的一部分收入存入保险公司，以备晚年退休之后用。在美国期间，有人好几次问我存了保险金没有，我说一块美元也不存，他们听了感到奇怪。其实没什么奇怪的，因为我是中国人，根本不打算在美国住一辈子。……今天给我的奖，说是第一名中国人得此奖。我说，要紧的是'中国人'三个字，这个'中国人'应该包括中国成千上万为此做出贡献的人。"钱学森在回应朋友对他获奖的祝贺时，自豪而又动情地说："我的事业在中国，我的成就在中国，我的归宿在中国。为社会主义祖国的繁荣与强盛而竭尽全力。"

"活着的目的就是为人民服务"

　　钱学森把为人民服务作为其人生的最终目标，几十年如一日地为中国科技事业殚精竭虑。他晚年一直在思考如何利用现代科学技术来为中国特色社会主义建设服务，使国家强盛、人民富裕。钱学森晚年对中国教育现状忧心忡忡，提出了著名的"钱学森之问"。

　　1984 年 1 月 11 日，钱学森在写给刘岳松的信中说："作为一个中国的科技人员，党和人民肯定他的辛勤劳动，就是最高的光荣！" 1984 年 2 月 13 日，钱学森在写给厉声元的信中说："我们作为国家的公民，只要能以我们的手和脑为人民服务，是最高尚的职业。" 1985 年 1 月 4 日，钱学森在写给张锡令的信中说："不管顺利不顺利，我们一定要努力奋斗，为人民服务！" 1988 年 5 月 4 日，钱学森在写给赵仲玖的信中说："一个共产党员无论在什么工作岗位上，都要为党的事业奋斗，为社会主义共产主义而奋斗。"1989年8月7日，中共中央总书记江泽民、国务院总理李鹏在中南海接见钱学森，祝贺他获得"小罗克韦尔奖""世界级科技与工程名人"及"国际理工研究所名誉成员"称号。钱学森在答谢时说："我作为一名中国的科技工作者，活着的目的就是为人民服务。如果人民最后对我们一生所做的工作表示满意的话，那才是最高的奖赏。"1993年9月5日，钱学森在写给钱希真的信中说："我们这帮人是找到了出路的，这就是中国知识分子的出路：为祖国的科学技术、文化事业无私奉献，直至最后。"1993年10月7日，钱学森在写给钱学敏的信中说："我们活着就是为了中国的社会主义建设。"

1989年8月7日，中共中央总书记江泽民、国务院总理李鹏在中南海接见钱学森，祝贺他获得"小罗克韦尔奖""世界级科技与工程名人"及"国际理工研究所名誉成员"称号。

　　钱学森旅美期间主要从事应用力学、喷气推进、工程控制论和物理力学研究，回国后长期领导中国航天科技事业。他晚年把研究方向转到与国计民生休戚相关的各种突出问题。从1986年6月至1991年5月，钱学森担任中国科学技术协会主席期间，为中国科技事业的发展和青年科技人才的培养做出了重要贡献。为鼓励青年科技工作者奋发进取，在钱学森的大力倡导下，1987年中国科协专门设立了"中国科协青年科技奖"，以表彰那些在自然科学等各方面为国家做出突出贡献、年龄在40岁以下的青年科技工作者。1994年，经中央组织部、人事部、中国科协研究决定，将"中国科协青年科技奖"改名为"中国青年科技奖"。

　　为实现可持续发展，钱学森十分重视资源的重复利用问题。1984年，他在题为"生态经济学必须关心长远的环境问题和资源永续"的报告中指出："我们要关心长远的环境和资源问题，要考虑资源怎么不断为人类利用，做到资源永续。从资源的观点来看，'三废'不是废，而是宝，是送到我们家门口，不需开采的自然资源。"1989年10月9日，钱学森在写给牛文元的信中指出："社会主义要为人民长远的幸福着想，要使资源永续。因此，我们现在就应该采取措施，收旧利废，使资源再生。"

　　钱学森晚年非常关心农民、农村和农业问题，提出了农业型知识密集型产业和第六次产业革命的概念。他认为，以农业型的知识密集型产业为主导的第六次产业革命不仅将大幅度提高农民收入，还将推动农村的小城镇化，最终消除城乡差别。1984年12月，在中国农业科学院召开的第二届学术委员会会议上，钱学森应邀以"创建农业型的知识密集产业——农业、林业、草业、海业和沙业"为题做学术报告。他指出："农业型的知识密集产业强调要充分利用太阳光能和生物资源，依靠各种高新科技进行生产，即把一切有关的现代科学技术都运用到农业生产上，进行多种经营。这将使中国人民生活得好得多！"

在农业型的知识密集产业中，钱学森尤其重视对沙产业的研究和推广。他认为，沙产业是用高新技术在干旱半干旱区进行农业开发，将传统的"控制土地沙漠化，固定流沙"做法改变为既治理又开发，将治理与开发结合起来，形成既改变生态环境，又提高经济效益的良性循环。1995年1月，钱学森荣获"1994年度何梁何利基金优秀奖"。这笔100万港元奖金的支票还没拿到手，他就让秘书涂元季代写委托书，把钱捐给祖国西部的沙漠治理事业。西部的干部群众经过多年实践，总结了一套"多采光，少用水，新技术，高效益"的技术路线。钱学森对此给予充分肯定。1998年9月5日，他在写给刘恕的信中指出："我想沙产业实际是农产业的节水高技术化，在我国河西走廊的成功只是个开始。前途无量！"

钱学森晚年"成天思考""念念不忘"的问题，就是中国目前缺乏拔尖的科技领军人才。2005年7月29日，钱学森对前来探望的温家宝总理发出这样的感慨："现在中国没有完全发展起来，一个重要原因是没有一所大学能够按照培养科学技术发明创造人才的模式去办学，没有自己独特的创新的东西，老是'冒'不出杰出人才。这是一个很大的问题。"在2007年8月3日和2008年8月2日，温家宝总理两次来看望钱学森，钱学森每次都谈到了中国大学培养杰出人才的重要性问题。2009年8月6日，温家宝总理再次看望钱学森时谈道："这几年，您特别关注教育。我每次来，您都提出要大力培养杰出人才。"钱学森回答："中国要大发展，就是要培养杰出人才。"钱学森的话让温家宝十分感慨："我经常将您的话讲给大家听。努力培养杰出人才，不仅是教育遵循的基本原则，也是国家长远发展的根本。"

第二章

奉献篇

一心扑在导弹事业上而经常"失踪"

1960 年，苏联政府撤走了全部援华专家，扔下一个"烂摊子"。那时中国人的导弹事业才刚刚起步，而且是仿制苏联的产品。苏联以为没有他们的帮助，中国人根本就搞不出导弹来。

钱学森不信那个邪，带领大家继续自力更生，在仿制的基础上自行设计射程增加了一倍的具有实战价值的"东风二号"导弹。

于是，钱学森将工作重点从力学研究转移到了导弹技术研究上。那段时间，由于他一心扑在导弹事业上，三天两头要出差。他在酒泉基地一待就是十天半个月，甚至一个月。而他的行踪严格保密，连夫人蒋英都不知道。有一回，钱学森出差一个多月杳无音讯，蒋英实在有点想不通，觉得丈夫老是"失踪"，总放心不下，于是就跑到国防部五院询问："钱学森干什么去了，这么长时间不见人影，他还要不要这个家了？"国防部五院接待的同志连忙向她解释："钱院长出差在外地，平安无恙。只是工作太忙，暂时回不来，请您放心。"

蒋英回忆说："那时候，他什么都不对我讲。我问他干什么，不说。我问他到哪里去，去多久，他也不告诉我。"

1962 年 3 月 21 日，"东风二号"导弹发射失败，现场气氛十分紧张。为了查清事故原因，钱学森几乎将所有精力都扑在上面。在中科院力学所，大家看不到他的身影；在家里，蒋英和孩子们也不见他的身影。钱学森像人间蒸发一样，又"失踪"了。

钱学森在干什么？他正在全力以赴地解决"东风二号"导弹存在的问题。他首先察看了导弹坠落现场，并组织人员收集残骸。与此同时，各个分系统也都组织成立了故障分析小组，并在钱学森的统一指导下进行故障分析和故障复现试验工作。

钱学森在现场工作了 10 天，其间，与大家同甘苦，共患难。他时常鼓励大家不要泄气，只要下功夫，肯思考，追根溯源，判断准确，问题肯定能找到。钱老在酒泉待了三个月的时间，多次组织大大小小的故障分析会，对导弹残骸进行测定，对遥测数据进行判读等。经过反复多次试验和验证，终于找到故障原因。为此，科技人员写出的技术总结报告达 67 页之多。

找出原因后，在钱学森主持下，设计人员修改导弹设计方案。作为技术总负责人,他一会儿参加设计修改讨论会,一会儿组织大型地面试验,没几天又赶赴酒泉基地导弹试验现场。

1964年5月的一天,钱学森与同事们一起向聂荣臻汇报"东风二号"导弹的研制情况。钱学森的主汇报自始至终严谨求实,用数据和试验效果说话。再加上导弹故障分析到位,对症下药,采取的措施有针对性,改进工作做得扎实,聂帅对改进工作非常满意。

1964年6月29日,"东风二号"导弹在酒泉基地试射成功,准确命中目标,标志着中国自主设计的第一枚中近程地地导弹诞生了。接着又发射了多次,均取得成功。

钱学森对祖国忠诚,对事业奉献,全力以赴,毫不计较个人得失。

1964年6月29日,钱学森在20基地发表讲话。

姓钱不爱钱

钱学森以国家为重、以民族大义为重，立志将自己的一切奉献给祖国，将物欲和功利看得很淡、很轻。他一生中多次捐赠稿费、讲课费和奖金，最大的一笔为 100 万元。钱学森姓钱，却不爱钱。

"利在一身勿谋也，利在天下必谋之。"钱学森就是这样一位胸怀宽广、心谋天下的德行高尚者。记得钱学森当年从美国回国途中就曾许诺："我打算尽我最大的努力帮助中国人民建设自己的国家，以便让他们能过上有尊严的幸福生活。"钱学森的一生言必行，行必果，无私无畏，襟怀坦荡，始终为实现自己的诺言而奉献终生，鞠躬尽瘁。

记得钱学森在美国留学和工作时，适逢美国一家航空喷气公司成立。该公司成立不久便获得了美国军方的大笔订单，公司股票价格也因此节节攀升。而钱学森一开始便被聘为该公司的技术顾问，每周去公司一次，帮助解决科研中遇到的技术问题。见有如此重大的利好消息，同窗兼好友、公司创始人之一的马林纳曾竭力劝说钱学森入股，可稳赚不赔地获取一笔丰厚的资产。但钱学森并不为之所动，而是婉言谢绝了好友的一片热心。马林纳当然不知道，在这个心气甚高、具有远大理想的中国年轻人心里，他看中的并不是钱这一身外之物，而是美国的科学前沿和先进技术。他就是想早点学习和掌握这些科学技术，准备奉献给自己的祖国。

钱学森回国后，中科院按照国家特别研究员标准支付给钱学森每月335.8元人民币的薪酬。1957年，钱学森当选为学部委员，每月又增加了100元津贴。每年底，中科院还给钱学森500元奖金。钱学森对此十分满足，而且在国家三年自然灾害时期，钱学森感到自己的工资比普通人高出了许多，心感不安。1963年，钱学森写信给力学所领导杨刚毅，主动要求减去自己的部分薪水。他说，现在我所正在进行级别工资调整，利用这个机会提出我心中留着的问题。我的工资原350元，还有学部委员津贴100元，每月共450元，我认为我的工资已经过分高了，请求组织上将学部委员的100元津贴取消，每月350元也可根据组织的有关规定按比例降低。另外，我爱人每月工作也有200多元，我们家按照目前的生活水平绰绰有余，多了也没有必要，对此本人于心不安，恳请组织上批准我这个请求。当天，力学所向各支部下发了钱学森要求减薪的这封信，并下发通知，要求大家学习钱学森同志这种无私奉献的高尚精神。杨刚毅则在致中科院党委的信函中说："目前我们正在提高工资阶段，而钱学森却主动要求减薪，这种精神值得学习。"钱学森"不爱钱"的高尚品行令身边的同事十分敬佩。

20世纪50年代，钱学森在苏联高校做演讲，讲课费十分可观。但钱学森拿到这些讲课费后，随即全部捐献给了力学所。1957年，钱学森的《工程控制论》一书获得科学院科学奖金一等奖，奖金1万元，他又把这些钱一分不少地捐献给了新成立的中国科学技术大学，让学校用这笔钱去购买一些需要的教学设施。

1969年8月23日，钱学森的父亲钱均夫逝世。钱均夫生前为中央文史研究馆馆员，由于"文化大革命"时期钱均夫老先生也曾受到一定冲击，去世前三年间未领到分文工资。"文革"结束后，1978年党落实有关政策，中央文史馆给钱均夫补发了3 000多元工资。钱学森作为唯一的儿子，理所当然地继承了这笔财产。而在那时，普通人的工资都很低，每月只有几十元，3 000多元不是个小数字。但钱学森慷慨地表示，既然老父已过世，我就不能再收这笔钱。最后，他将这笔钱交了党费。1982年，钱学森将《论系统工程》中自己的那部分稿费捐给系统工程研究小组做活动经费和出版经费。1992年1月1日，钱学森写信给朱光亚，将一级英雄模范奖金2 000元及出版文集的稿费3 000元，共计5 000元赠给中国科学技术协会的奖励基金。1月22日，钱学森写信给基金会法人代表沈晓丹，拒绝用他的名字设立科学技术奖。

钱学森生前最大的一笔捐赠是：1994年钱学森获得香港何梁何利基金优秀奖100万港元；对于这笔巨款，他不仅没有心动，甚至都没有经手，就直接委托涂秘书将这张巨款的支票捐给了促进沙产业发展基金会。对钱学森

委 托 书

委托人：钱学森　男　一九一一年出生
　　　　现任全国政协副主席

代理人：王寿云　男　一九三八年出生
　　　　现任国防科工委科技委副秘书长
　　　　涂元季　男　一九三九年出生
　　　　现任钱学森同志的秘书

我将1994年度何梁何利基金优秀奖奖金100万元港币，交给促进沙产业发展基金会管委会主任刘恕，作为促进沙产业发展基金。现我委托王寿云、涂元季为我的代理人，全权代表我办理上述事宜及公证事宜，代理人在授权范围内签署的文件我均予以承认。

委托人：钱学森
日　期：一九九五年四月十四日

钱学森委托王寿云、涂元季将1994年度何梁何利基金奖金交给促进沙产业发展基金会，作为促进沙产业发展基金。

来说，他整天思考的是国家大事和科技大业。

钱学森淡泊名利，品行高洁。他一生有三个"不在意"：一是对"官"不在意。他长期担任要职，但始终把自己当作劳动人民的一分子；二是对"钱"不在意。姓钱不爱钱，人格和追求超脱于物欲之上；三是对"名"不在意。他认为科技人员要钻进科学世界，注重学问、学术和技术的研究，不要为名利所累。

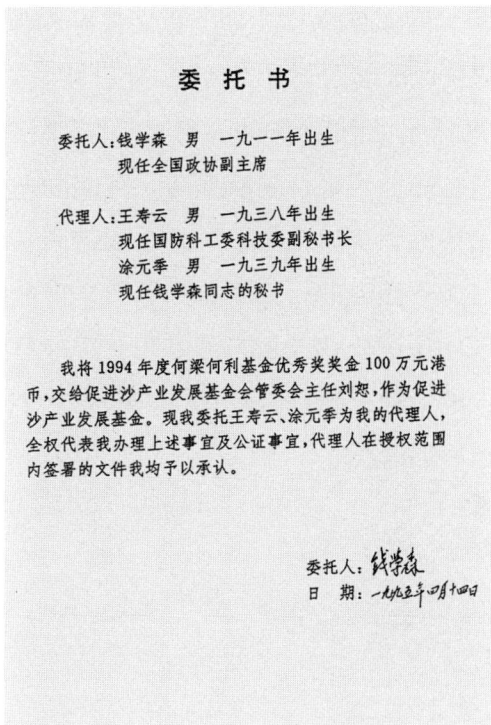

巴金说过："生命的意义在于奉献，而不是索取。"钱学森之所以能够做到看淡名利，不计物质待遇和个人得失，最根本的原因，还是源于他国家至上的崇高情怀和无私奉献的高风亮节。在他看来，国家强盛、民族振兴、人民幸福是天底下最重要的大事。与之相比，个人的荣誉、地位、待遇、财富都是微不足道的。只要有利于科学事业的发展，只要有利于实现中华民族伟大复兴的梦想，个人付出再多的努力，做出再大的牺牲，都是值得的，并毫无怨言，身体力行，老骥伏枥，慎终追远。

毫无畏惧，现身"两弹"对接现场

在中国航天事业的发展史上，"两弹结合"意义重大而深远，这是在中国国土上进行的史无前例的导弹核武器试验。而在"两弹结合"试验中，钱学森冒着极大的危险，在"两弹"装配现场进行指导，这种为了国家利益，不顾个人安危的大无畏气概值得一书。

1964 年 10 月 16 日，中国第一颗原子弹在新疆罗布泊爆炸试验成功，引起全世界的巨大震动。但西方人却为此嘲笑我们有"弹"无"枪"。因为我们的原子弹是置放在 100 多米高的铁架子上引爆的。没有运载工具，难以实施远距离打击，自然对他们形不成威胁。美国前国防部长麦克纳马拉曾不屑地说：中国人虽然拥有原子弹，但在五年之内不可能造出运载工具，并推断中国至少需要十年，才能掌握导弹核武器。如何打破这一局面，粉碎西方人的预言？钱学森深知，最佳的方式就是利用地地导弹作为运载工具，将核弹头装载于导弹前端，实施远程发射，形成巨大的核威慑力。这是一个史无前例的壮举。于是，钱学森率领航天人对"东风二号"导弹进行了技术改进，使导弹能够携带1枚具有2万吨TNT当量的核弹头。而在"两弹"对接那天，主管中国国防军工的聂荣臻元帅和钱学森冒着极大的危险和恶劣的沙漠环境，亲自到"两弹结合"操作现场指导和督战，给现场指挥者和操作者以极大的鼓舞。当时，钱学森看到参试人员焦急的状态，以及沙漠起大风的不利条件，便耐心地劝大家不要着急，稳妥为上。毕竟是爆炸威力极大的原子弹，不能有半点疏忽，必须保证操作不出任何

1966年10月，聂荣臻到技术阵地听取导弹测试准备情况汇报（右三为钱学森）。

差错。

在最危险的"两弹"对接的整个过程中，钱学森陪同聂荣臻元帅始终站在距离装配现场不远处，顶着沙暴和寒冷的天气，神情严肃，定神观看。这时工作人员多次劝说两位领导到室内休息一下，但他们执意不肯，不离不弃地坚守在"两弹"装配现场。主操作手田现坤终于完成所有的对接程序，走下塔架时，聂荣臻和钱学森主动上前，紧紧地握着田现坤冻僵了的手，向他表示亲切的慰问和由衷的感谢。

携带核弹头的导弹从我国的酒泉卫星发射基地发射到新疆罗布泊戈壁滩，导弹飞行正常，核弹头精确地命中目标，试验获得圆满成功。

"两弹结合"的威壮之举让西方世界感到非常震惊。中国从原子弹爆炸成功到"两弹结合"飞行试验成功，只用了两年多时间，彻底粉碎了西方世界毫无根据的预言。

同甘共苦，彰显共产党人优秀本色

　　1977 年 9 月，钱学森同李耀文带领国防科委机关人员和发射有关人员到"东风五号"（即风暴一号）落区（代号"953"，新疆马兰附近）指导模拟洲际导弹弹头再入飞行试验工作。当天飞机落地后，从机场到基地司令部，钱学森又坐车走了很长时间的"搓板路"。但他顾不上休息，及时听取了落区领导的工作汇报。当天晚上，钱学森又和基地的同志及参与试验的航天人一起讨论研究飞行试验，并最后确定了这次飞行试验的判定结果。

　　钱学森的作风一贯很深入，其间，他提出要去基地的各个观测点去看看。基地的领导劝钱学森不要去了，说您年纪那么大，戈壁滩路况又很不好，行车的危险性很大，而且那些观测点都很分散，距离远的要 100 多公里，一路颠簸身体也吃不消。但钱学森并不在意这些劝告，认为好不容易来新疆基地一次，必须去看看那些观测点和基地战士们。

基地试验场区位于广袤的沙漠地区，自然环境十分恶劣，因此生活条件非常艰苦，而最大的问题是缺水，生活用水必须从一二百公里外用车子拉过来，而且水的清洁度不高，碱性很重，长期饮用对人体不利。另外，在基地的戈壁滩环境里很难长出时鲜的蔬菜，荤菜也很匮乏。

由于钱学森坚持要去，基地领导拗不过他，就想安排他去几个路程不是很远的观测点。但钱学森坚持要去距离场区指挥中心最远的 160 公里外的号点。戈壁滩上的路都是搓板路，汽车行驶在上面颠簸得非常厉害，一路坐下来，简直就像做了一次高强度的振动试验。而年事已高的钱学森不怕艰苦、不畏艰险，坚持深入到一个又一个偏僻的观测点，在检查和指导工作的同时，慰问那些常年坚守在艰苦岗位上的部队指战员。一次在某观测点用餐时，随行人员见钱学森的伙食实在太差，为了给他增加点营养，就将带来的肉罐头倒进他的菜肴里。钱学森看到后很生气地批评随同人员为什么要搞特殊化？随后钱学森要求将这些罐头肉全部倒进大锅里，与其他菜肴和在一起烧好后端上桌子，同大家一起享用。钱学森这时已是国防科委副主任，是副大军区级别的领导，但他却一点没有大官的架子，也根本不想利用这一官位谋求哪怕一丁点的私利。

在三年经济困难时期，整个社会物资匮乏，钱学森家的食品供应同样也很紧张。有一次，五院调进一批猪肉，聂荣臻办公室专门打电话交代给钱学森家半边猪。钱家的炊事员每次到食堂割一小块，切成肉末，放在菜里，以便细水长流。炊事员看到钱学森工作非常操心和劳累，再加上营养不良，人瘦了许多，很心疼，一次他就割了一大块肉，做了一锅红烧肉，想给首长补充一下营养。当他把红烧肉端到饭桌上时，平时和颜悦色的钱学森，一下子把脸沉了下来。他严肃地对工作人员说："你们知不知道，现在全国人民都生活困难，勒紧裤带，连毛主席、周总理都不吃肉了，你居然还给我做红烧肉！你的党性到哪里去了？"炊事员见首长生气了，只好知趣地把红烧肉端了下去。

据梁思礼院士回忆，1960年的困难时期也正是我国航天技术的攻坚阶段，当时像钱学森这样的高级专家在导弹试验基地工作时，他们和普通科技人员一样，也经常吃酱油拌饭，根本没有什么营养，导致身体浮肿。

钱氏家训言："利在一身勿谋也，利在天下必谋之。"吃苦在前，享受在后；多考虑工作，少思量私事；不贪不占，两袖清风。君子风度，丈夫气度，坦坦荡荡，光明磊落。这就是作为一位共产党员的钱学森一贯的做人之道。钱学森用他的一言一行，不仅影响着周围的人，而且身体力行地诠释共产党人的优秀品质，从而使得他具有高贵的人品和崇高的威望。

聂帅曾赞扬钱学森："他总是艰苦奋斗地工作，艰苦朴素地生活，从不计较个人得失。"

凝聚大爱，计算尺背后的感人故事

　　钱学森是伟大的人民科学家和中国航天事业的重要奠基人，在开创伟业的背后，却有着许多鲜为人知的博爱胸怀和感人点滴。

　　在上海交通大学钱学森图书馆第一展厅的一个玻璃橱窗里，有一把很不起眼的计算尺，每天吸引着许多参观者，他们纷纷在此驻足，聆听讲解员讲述这把计算尺背后的感人故事。

　　钱学森在中国科学技术大学力学系任教时，为培养祖国的国防科技人才而悉心授教。那是 20 世纪的五十年代末、六十年代初，社会上还没有计算器，计算尺是当时比较奢侈的一种计算工具。按理说，力学系的同学上课时应该人手一把，但让钱学森觉得奇怪的是，为什么大多数同学却没有呢？经过询问才得知，原来许多同学因家境贫寒，竟买不起一把计算尺。

这让钱学森感到心情沉重。钱学森知道，作为理工科的学生缺了计算尺，就像工人做工没有工具，就像农民种田没有锄头，就像战士打仗没有枪一样。

钱学森为此坐立不安。在那个年代，买一把计算尺要十多元，而当时一个普通工人一个月的工资也就二三十元。这一昂贵的计算尺，就像一根压垮学生的"稻草"，让他们尴尬和无奈。

于是，钱学森毫不犹豫地拿出他获得中科院科学奖金一等奖的一万多元钱，让学校教务人员赶紧去给每位学生配一把计算尺。而教务人员为了省钱，到文具店挑最便宜的计算尺买，但由于店里数量不够，买来的计算尺分配不过来，还有一部分学生没有拿到。钱学森知道后，又指示教务人员不要省钱，即使价格贵一点，也要买足数量，保证班里每位同学都有一把计算尺。于是教务人员又去买了一批价格稍贵的计算尺。时任班长黄吉虎拿到的，就是一把价格稍贵的价值18元的计算尺。这对家庭贫困的黄吉虎来说，简直就像一件"奢侈品"。当他拿到凝聚着钱老一片爱心的计算尺，左看右看，爱不释手。为了怕和别人的计算尺搞混，他还特地在计算尺上刻上自己的名字。

1961年12月，中国科技大学党委特地致函钱学森，感谢他给予学校的指导及慷慨捐款。感谢信中说："中科大开始筹建时，您就热情地帮助并予以大力支持，几年来您又在百忙之中抽出时间给同学们上课和做报告，并常莅校指导，对大学的

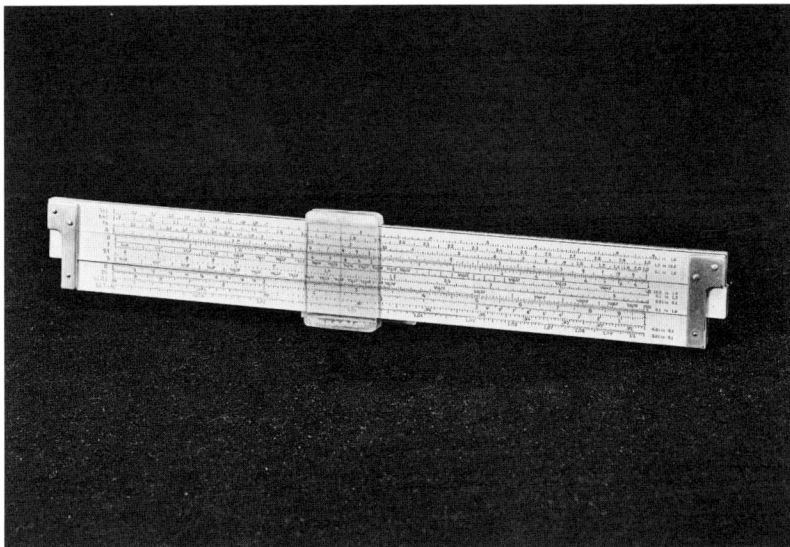

中国科技大学用钱学森捐资为学生购买的计算尺。

教学工作起了很大的推动作用。最近，您又慷慨捐款 11 500
元。我们用这笔钱帮助许多同学解决了经济上的困难问题，并
给同学们精神上以很大鼓舞。大家纷纷表示一定要努力学习，
成为又红又专的科学技术人才，来报答您的关怀。我们代表全
校师生向您表示衷心的感谢！"

　　现在，这把见证那个时代特征的计算尺就静静地躺在展柜
里，它就是由黄吉虎同学捐赠的。讲解员每天都不厌其烦地向
每一位参观者讲述其中的生动故事。当年一代代莘莘学子虽然
处于国家的困难时期，但在大师钱学森的精心栽培和熏陶下，
他们刻苦学习，奋发有为，誓为祖国现代化建设贡献知识和才
华。他们走出课堂、奔向社会后，在各行各业的人生大舞台

上，以国为重、无私奉献，干出了一番轰轰烈烈的辉煌事业。

据统计，当年中科大近代力学系数百位毕业生中，共出了7位两院院士、7位科技将军和一大批栋梁之材。而黄吉虎后来也成为中科大的教授，像钱学森一样，成为一位教书育人、授业解惑的灵魂工程师。

如今，我们透过一把小小的计算尺，仿佛看到了钱学森对祖国和人民、对事业和学子博大的胸怀和深深的爱。

无欲则刚，地位和财产都是身外之物

无欲则刚，淡定从容。立志做大事、成大业，而不是为了做官谋权发财，这便是钱学森对待地位和权力，以及金钱和财物的一贯态度。

钱学森一生曾任中科院力学所所长，国防部第五研究院院长、副院长，第七机械工业部副部长，国防科委副主任，国防科工委科技委副主任，直到中国科协主席、全国政协副主席等要职，但钱学森却说，要不是工作需要，他什么官也不愿当。"我是一名科技人员，不是什么大官，那些官的待遇，我一样也不想要。"这是钱学森的心声，也是他坚持的做人原则。

1957 年 2 月 18 日，周恩来总理正式签署国务院命令，任命钱学森为国防部第五研究院院长。就任后，钱学森被大量的行政事务所困，甚至连人员的住房分配、食堂和幼儿园的建设都要他亲自过问，但这些事务性工作并非钱学森所长。与此同时，又有大量技术问题等待他去解决和处理。在这样的情况下，1960年3月，钱学森不得已提笔给聂荣臻写信，请求免去自己的院长职务，将自己降为副职，以便集中精力专司重大技术问题。钱学森要求降职，倒是聂荣臻没有想到的，因为当初是他极力推荐钱学森当院长，本来是对他的重视，却没有想到大量的日常事务会占用他宝贵的时间。聂荣臻接到钱学森的请辞报告后，经与周恩来商量后果断决定，配备强有力的行政领导。于是，国防部任命空军司令刘亚楼兼任五院院长，空军副司令兼参谋长王秉璋任五院副院长，主持日常工作。后来王秉璋又改任五院院长。这样，就把钱学森从这些繁杂事务中解脱出来，让他集中精力思考和解决重大技术问题。此后，钱学森改任副院长，主持技术工作。他对这种安排十分满意，因为他考虑的是国家大事和航天大业，而不是什么权力、地位和待遇。他一生担任多项要职，但职务以"副"居多。钱学森对官位并不看重，一点也不在意，始终以淡定之心对待权利和地位。同样，他对"中国导弹之父""中国航天之父"这样的称誉也决不接受，并一贯反对沽名钓誉之事。

钱学森从20世纪80年代起，感到自己年龄大了，于是多次向上级请求辞去各种职务，并极力推荐年轻人接班。如在制订第二代战略导弹研制计划时，他提出由第二代航天人挂帅当总设计师。1981年，钱学森写报告给张爱萍，说自己年事已高，恳请组织上免去他国防科委副主任的职务，并要求退休，同时推荐了三位接班人。

钱学森还多次请辞重要职务。如第三届中国科协主席是大家一致推举的，但钱学森坚决不同意，认为自己年逾古稀，应该让位给年富力强者。直到闭幕那天，请钱学森致闭幕词。钱学森表示，这个稿子我原则上同意，但最后要加一段话，让我向大家说明，我不能出任第三届主席的理由；如果你们同意加这段话，我就念这个稿子，如果你们不同意，我就不念，请别人致闭幕词。最后科协的同志只好同意钱学森在念完稿子后讲一段个人意见。据参加当时会议的涂元季回忆，当钱学森说明自己不适合担任下届主席时，会场上连续地鼓掌，使他没法讲下去。后来方毅、杨尚昆、邓颖超都出面找他谈话，劝他继续出任科协主席。正是在这样的情况下，钱学森又担任了一届科协主席。

而对于全国政协副主席这种享受党和国家领导人待遇的职务，钱学森也曾多次写信主动请求辞去。

钱学森不仅对权力和金钱看得很淡，而且对房产和其他物质也根本无兴趣追求，是个真正的无欲则刚者。

1955年10月，钱学森回国之初，全家暂住在北京饭店。1956年，他们在北京中关村科学院宿舍安家。1960年，钱学森一家搬入了北京阜成路航天大院里的一幢宿舍楼。从此，钱学森就一直居于此处直至去世。1976年时，唐山发生了大地震，由于阜成路的航天大院宿舍楼属于老建筑，主管单位担心该楼的强度有问题，于是专门对其进行了适当加固。而进入 21 世纪后，该楼已属于危房。1995 年钱学森因病住院期间，上级对钱学森的房间简单装修了一下，此前使用的家具都是 20 世纪 50 年代单位配发的。其间，考虑到钱学森已经担任了全国政协副主席这一享受副国级待遇的职务，住这样的宿舍楼，无论从干部级别住房标准上来说，还是从有利于钱学森工作和休息的角度来说，都已不适合。因此，组织上多次提议为他改善住房条件，并设想给他按高级干部住房标准盖一座小楼。各级领导也曾多次动员钱学森搬家，但钱学森对此一概婉拒。涂元季将已经建好的小楼照片给钱学森看，劝钱学森说："您若住进这样的新居，可以在院子里晒晒太阳，对身体也有好处。"钱学森回答："我现在的住房条件很好，我已非常满足。而且我在这里住惯了，你让我住进小楼，我浑身不自在，能对身体有好处吗？"他还多次对身边的人说："至今我仍住在老房子里不愿搬家，因为它是聂老总亲自分配给我的，它常常使我想起当年的科研工作，想起聂老总对我的关怀。再说，与那些和我同船归国的有些人比起来，与广大的科技人员比起来，这一住房标准已经脱离群众了。为此，我常常感到不安，我们不能脱离一般科技人员太远。"

从此，没有人敢再提起搬家的事。钱学森夫妇始终保持着一种简约朴素、不事张扬的生活状态，远离世俗名利，坚守着一份读书人的淡泊和宁静。就这样，钱学森在这座老房子里整整住了 49 年，夫人蒋英住了 51 年。

家住航天大院 34 单元的老人刘小芳至今对十几年前所见

1960 年，钱学森一家搬入了北京航天大院里的一幢宿舍楼，直至去世。图为钱学森家的外景。

的钱学森一家的生活情景记忆犹新。每晚 7 点，吃完晚饭，刘小芳总爱到大院里遛弯，"那时钱老的身子还硬朗，也经常出来遛弯。钱老每次见到我们，都会主动打招呼，乐呵呵地和我们说话，非常平易近人。根本没有一点大科学家的架子。"

回国以后的几十年里，不论是工作，还是休闲，钱学森经常穿着一身简朴的蓝色卡其上装和军便裤，而从美国带回来的西装则送给了身边的工作人员。直到 20 世纪 80 年代，钱学森受组织委派赴英国和西德访问，才临时定做了一身中山装。钱学森的公文包是他旅美期间参加国际会议时获赠的，此后跟随钱学森 40 余载。由于年长日久，公文包的两侧出现了多个大小不一的破洞，虽经多次缝补，但他仍然不肯更换。在钱学森图书馆内，玻璃橱柜里陈列的几把钱学森用过的芭蕉扇，多次缝缝补补的痕迹依稀可见。

一粥一饭，当思来之不易；半丝半缕，恒念物力维艰。作为一位大科学家，钱学森深谙此理，心无物念，始终以淡然之心对待物质待遇，其艰苦朴素、勤俭修身的高贵品质可见一斑。

第三章

求实篇

航天之路的起点

　　1931 年，"九一八"事变爆发，亡国灭种的民族危难召唤广大青年学子走出象牙塔，救国于水深火热之中。1932 年的"一·二八"淞沪抗战使得上海变成了抗日最前线。在此期间，日军依仗战机等现代武器长驱直入，致使我江河破碎、国土沦丧。中国军民惨遭杀戮，损失惨重，国家主权面临严峻的外部挑战，激起了中华民族救亡图存的斗志和同仇敌忾、共御外侮的热潮，也促发了钱学森对国家、民族和社会更深层次的思考和认识。他目睹这一切，深切感受到现代航空技术及制空权对国家实力与国防安全的重要作用，痛感中国必须拥有强大的航空工业，才能自立于世界民族之林。于是，钱学森及时将人生理想从"交通救国"转到"航空救国"上来，并进行了积极探索。

由于在当时，飞机是高科技武器的代表，是维护国家安全的利器。一时间，"航空救国"成为科学界、教育界讨论的热门话题。交通大学地处直接受日本侵略冲击的上海，广大师生耳闻目睹日军的残暴罪行，因此经常谈论和研究航空。当时有一位交大学生曾撰文指出，"一·二八"战事失利原因在于"大炮不如人也，战舰不如人也，飞机不如人也，一言蔽之，则交通器械之不如人"。该生疾呼应在交通大学设立航空学院，培养出自造飞机的专门人才，御强敌于国门之外。

其实，早在钱学森入学的 1929 年，交通大学就着手筹备航空专业。他所就读的机械工程学院院长王绳善曾提议在学院设立"飞机门"（"门"相当于现在的专业），得到时任铁道部部长兼校长孙科的支持。他们一致认为，航空技术属于交通领域，作为全国专门研究交通的最高学府，交大开办航空专业可谓义不容辞、责无旁贷。

日本帝国主义加速侵华，是交通大学创设航空专业的直接外部因素。1931 年，机械工程学院开设"航空工程"（Aeronautical Engineering）课程。1932 年，中国航空建设协会与交大合议筹设航空工程班，可惜因经费无着而未能如愿。1934 年，国防设计委员会资助交大创办航空工程门，并于 1935 年正式建成，机械工程学院三年级学生纷纷转入该门学习。1936 年，学校航空专业有 12 人毕业，这是中国大学史上最早开设、最早有学生毕业的航空工程专业之一。

实际上，航空专业正式建成之前，学校的机械工程学院、土木工程学院就已分别开设"航空工程""机场设计"等课程，聘请留美研习航空的曾桐、郑日孚、王成志等任教。很多有志于"航空救国"的学生纷纷选习航空课程或自学航空专业知识。他们毕业后或主动服务航空部门，或出国留学专攻航空专业。钱学森就是他们之中最具代表性的一员。

大学四年级的时候，钱学森选修了"航空工程"等课程，并取得了优异的学业成绩。上海交通大学钱学森图书馆馆藏钱学森大学期间的成绩总表显示，他的"航空工程"课程分别取得 89 分（第一学期）和 91 分（第二学期）的成绩。他在学有余力之际，利用大部分课余时间去学校图书馆借阅航空方面的书籍，专攻航空与火箭知识，并有了初步的研究心得。在赴美留学之前，他先后发表了《火箭》《美国大飞船失事及美国建筑飞船的原因》《气船与飞机之比较及气船将来发展之途径》《最近飞机炮之发展》等多篇航空、火箭方面的论文。这些论文是钱学森探索航空航天科学的学步之作，体现了他对现代科技丰富的想

1935 年 7 月，钱学森在《浙江青年》发表《火箭》一文。

象力、敏锐的洞察力和敢于开拓未知领域的巨大勇气与创新精神。据他的大学同学王建绪回忆："他在学校时代，课外时间已专攻航空工业了，他不但聪明，而且术业有专攻，再加钻研和有恒劲，可能是他成功的秘密罢。"

在《气船与飞机之比较及气船将来发展之途径》一文中，钱学森通过引用当时科技文献的数据，进行科学严谨的分析、计算，指出当时飞机设计中的瓶颈问题。在《火箭》一文中，钱学森发出这样的感慨："你在一个清朗的夏夜，望着繁密的闪闪群星，有一种可望不可及的失望吧。我们真的如此可怜吗？不，决不！我们必须征服宇宙。"从这段激情飞扬、充满浪漫主义色彩的文字中可以看到，探索太空、征服宇宙的梦想已经在风华正茂的钱学森心里扎根，体现了他将个人梦想与一个国家、一个民族的梦想紧密联系在一起的远大志向和宏大抱负。在这篇文章中，钱学森首次提出了三级火箭、火箭飞机的设想，对火箭的发展趋势进行了准确预测。他一语惊人地指出"现在是天空的时代"，"这个小玩意是征服空间，征服宇宙的开端"，并热心地呼吁道："朋友，全世界都热心于火箭了，工程家和科学家都动员了，他们努力地、忍耐地，一步一步地走向征服宇宙的路。朋友，他们每一步都是坚实的！"今天看来，交通大学时期的钱学森对火箭的发展趋势作出了令人惊异的准确预测，极具科学性和前瞻性。钱学森在此期间对航空的关注和研究为他后来转向这个领域奠定了兴趣与知识基础，交通大学也由此成为他走上航空之路的起点。

"技术上一切都听钱学森的"

钱学森曾回忆说，周总理、聂帅对他很信任，认为他是航天专家，总是虚心倾听他的意见和建议，并经常鼓励他放开手大胆地去干，出了问题由领导来承担责任。但钱学森毕竟是技术负责人，权力范围有限，往往会受到技术原因以外的干扰和阻碍，有时也使他感到困惑。

当年，西北基地执行导弹试验任务，技术上都由钱学森负责，这是聂帅多次强调的；碰到技术问题，由钱学森在前方做决定，发射前只要报告他一下就行了。

每次试验，正式发射是一件大事，上级领导及各方面都很重视，生怕有任何闪失。所以，本着各负其责、各司其职的原则，发射前任务书必须由三方签字，方可执行。第一个签字的是基地的作试部长，他对整个试验的组织工作负责；第二个签字的自然是钱学森，他是管全面技术工作的，对技术问题负全责；最后就是由基地司令员签字。

有一次试验，导弹在技术阵地测试，各方面都合格，质量也没有问题。于是就拉到发射阵地竖起来进行燃料加注，待命发射。但在加注时却出现了一个问题：由于操作人员忘了打开泄气阀门，一加注，燃料箱表面就出现了不平整的现象，有些地方甚至瘪下去了。钱学森知道，这是由于箱内空气被压缩了，箱内某些地方出现了真空，形成箱内外空气压力差所造成的。因为他过去在国外从事过火箭箱体的工作，也曾碰到过类

1967 年 5 月 26 日，"东风三号"地地导弹在二号阵地发射成功。

似问题，知道不碍事，不会影响产品质量和发射，只要继续加注，等箱内压力加大后，内外压力差就会平衡。但当时在场的人员不知道这个道理，大家都急坏了，以为导弹出了问题。

基地的作试部长作为第一个签字者，吓得不敢签。第二个是管技术的钱学森，他坦然地签了字，并说可以发射。第三个签字者基地司令员有点左右为难，因为他的部下、作试部长不签字，他自然也不愿意签，怕承担万一失败的责任。签字者只有三分之一，导弹肯定不能发射。当时的局面很尴尬。钱学森万般无奈，于是将现场情况用电话及时向聂帅报告。聂帅听了情况汇报后，向基地司令员发出明确指示："技术上一切都听钱学森的，我的意见是批准发射，出了问题由我来负责。"

第二天，导弹发射果然成功，证明了钱学森的判断是科学的、正确的。而钱学森关键时刻挺身而出、敢于担当的事例在基地一时传为美谈。

"不能只民主不集中，也不能只集中不民主"

钱学森的导师冯·卡门原在德国哥廷根大学执教。他去美国后，把欧洲哥廷根学派的良好学风带到了美国。他每周主持召开一次研究讨论会（research conference）和一次学术研讨会（seminar）。这些活动强调学术民主，无论是专家权威，还是普通的研究生，大家一律平等，都能畅所欲言，发表自己的学术论点，这给年轻的钱学森提供了锻炼创造性思维的良好机会。

在一次学术讨论会上，钱学森刚刚念完自己的论文，就有一位长者站起来提出不同意见。钱学森不同意他的观点，两人一时争论起来，面红耳赤。事后冯·卡门问钱学森："你知道你是在和谁争论吗？那是大权威冯·米塞斯（von Mises）。但是，你听到了我的总结讲话，我认为你的意见是对的，我支持你。"在另一次学术讨论中，钱学森和他的导师冯·卡门发生了争论。他坚持自己的观点，毫不退让，这令冯·卡门十分生气，他把钱学森拿给他看的论文稿往地上一丢，拂袖而去。但这位闻名世界的权威是崇尚真理的，事后想想在那个问题上是自己不对，于是第二天早上亲自爬了三层楼梯，来到钱学森工作的房间，带点鞠躬的样子向钱学森道歉："钱，昨天的争论你是对的，我错了。"冯·卡门的博大胸怀令钱学森十分感动，并终身不忘。

受这种创新精神的鼓舞和民主氛围的熏陶，钱学森刻苦钻研，每天学习和工作达十几个小时。经过三年的努力，他已驰骋在航空科学领域的峰巅之上。加州理工学院的这种创新思想与民主作风体现的是一种科学精神，给钱学森留下了终身难忘的印象，乃至于潜移默化，对形成钱学森后来既严密又民主的学风，以及细致的工作作风都有很大影响。钱学森回国后一直对加州理工学院的校风念念不忘，他一直为营造学术民主氛围、培育良好学术环境竭尽全力，并身体力行。他多次在不同场合提及在加州理工学院的这段经历，以教育中国学者开创国内新的研究风气。

一个典型事例是，1964 年，时任新疆建设兵团农学院青年教师的郝天护就钱学森的一篇力学论文《土动力学基本方程研究》（On the Basic Equations of Soil Dynamics）中的一处错误致信钱学森。他对这位素不相识的青年的来信高度重视，立即亲笔回信："您在信中提出……的意见……我完全同

1964 年 3 月 29 日，钱学森致郝天护的信。

意。""我很感谢，您指出我的错误！也可见您是很能钻研的一位青年。科学文章的错误必须及时阐明，以免后来的工作者误用不正确的东西而耽误事。所以我认为，您应该把您的意见写成一篇几百字的短文，投《力学学报》刊登，帮助大家。您认为怎样？"于是，郝天护将自己的观点写成文章"关于土动力学基本方程的一个问题"，由钱学森推荐发表在 1966 年 3 月第 9 卷 1 期《力学学报》上。在钱学森的鼓励下，郝天护投身力学事业，后来成为东华大学教授。

20 世纪 70 年代，钱学森对我国不正常的学术交流进行了批判："现在科研工作中普遍有两个方面的问题值得注意，一是保守，不搞大力协作。二是不大提倡百家争鸣，头头说了算。这是小生产者的做法。"80 年代，他批判学术交流的"权威论"与"一言堂"。钱学森认为，学术交流是一个没有权威的领域。他说："在我们思维科学这个新的领域里，没有什么权威，不能搞一言堂。大家充分发表意见，互相交流，争吵一下也没有关系。暂时统一不了认识，也不要紧，慢慢来。总之，我们既要严肃认真，又要生动活泼，充分发扬民主，百家争鸣，百花齐放。"90 年代，钱学森指出，"我从前在中国科协工作过几年，感到学术不够民主，教授、权威压制得太厉害。我在中国科协上讲过不止一次，但还是解决不了。这是科学向前发展的一个大问题。"

学术不民主将严重压制学术的发展，钱学森对此深恶痛绝。他认为："学术不够民主，是科学向前发展的一个大问题。"为此，他一直通过书信、座谈等各种方式，对学术民主大力鼓与呼。1985 年 3 月 26 日，钱学森在致刘志琴的信中指出，应"强调学术研究的集体作用，而集体是当今研究工作的有效形式。单干户不行了。"1998 年 4 月 19 日，钱学森在致中国航天工业总公司办公厅的信中指出："我从周恩来同志和聂荣臻同志多年亲自领导我们工作中，有一点体会特别深刻：对航天工作这样高技术而又复杂的科技工作，必须用民主集中制。也就是要发扬民主，以充分调动大家的积极性和能力，各尽所能，分工负责；另外又必须强调集中，有组织有纪律，关键时刻要由领导决策，大家贯彻实施。要民主与集中并重，不能只民主不集中，也不能只集中不民主。"

即便到了晚年，钱学森仍然对加州理工学院的学术民主氛围和创新精神念念不忘。他不遗余力为发扬学术民主、培养创新人才殚精竭虑，体现了一位大科学家深切的人才忧思。2005年3月29日，钱学森在《谈科技创新人才的培养问题》的系统讲话中说道：加州理工学院的"学术气氛非常浓厚，学术讨论会十分活跃，互相启发，互相促进。""给这些学者、教授们，也给年轻的学生、研究生们提供了充分的学术权力和民主氛围。不同的学派、不同的学术观点都可以充分发表。学生们也可以充分发表自己的不同学术见解，可以向权威们挑战。""加州理工学院的学术风气，民主而又活跃。我们这些年轻人在这里学习真是大受教益，大开眼界。"

此外，钱学森还多次在私人通信中大力倡导集体思维的重要性："我深感我国面对面的讨论，常常是主持人一家言，没有互相激励、互相促进，叫'老师说了算'或'首长说了算'！当然，面对面讨论也不能胡说八道，无边无际，要集中到一个主题，这就是'集中指导下的民主'。""我原来提出要搞社会思维学的一个主要原因是：怎样使一个集体在讨论问题中能互相启发，互相激励，从而使集体远胜过一个个不接触别人的人的简单总和。我自己在学术生活中，对这一点是深有体会的：一个好的集体，人人畅所欲言，思维活跃，其创造力是伟大的。而如果是'老头子说了算'，其他人都处于压抑状态，这个集体就没什么创造力。所以社会思维学的一个重点应是集体思维的激活。"

"对待科学必须严格、严肃和严谨"

钱学森是一位对科学孜孜以求、不懈探索的科学家。严于律己、严谨求实，成为他学术品质和科学精神的集中体现。

钱学森在学术问题上向来对自己要求非常严格，不放过任何一个可能的瑕疵。他从不满足于一般性的理论推导，不管这种推导在逻辑上有多么严密，都要通过数值计算和与实验结果的比对，使理论得到验证。一旦发现有误，他便进行修正，甚至推倒重来，直到最后得到满意的结果为止。

1941 年，钱学森在美国《航空科学学报》发表关于薄壳非线性失稳理论的科研成果《柱壳轴压屈曲》一文，攻克了这一困扰航空界多年的难题。该文篇幅仅有寥寥 10 页，极为简明，而他在研究过程中仅编有页码的推导演算手稿就达 800 多页，其中有些计算数字精确到了小数点后 8 位，如此繁重的

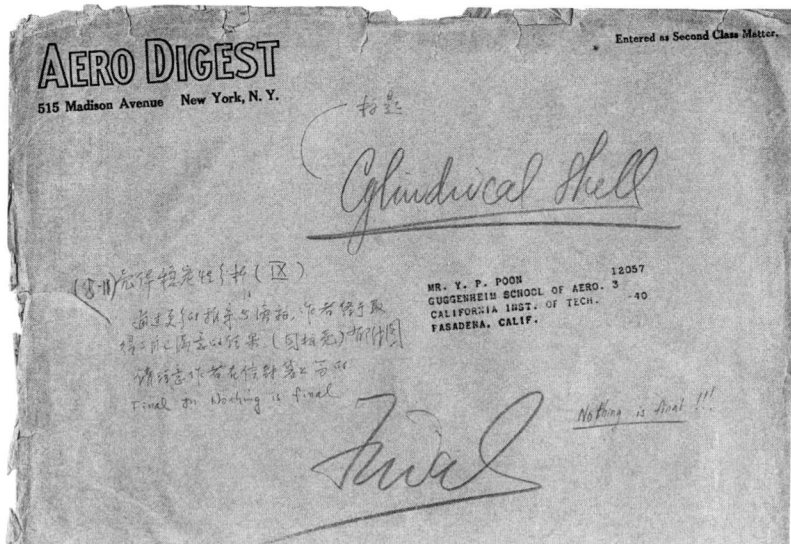

钱学森存放《柱壳轴压屈曲》一文最后一稿研究手稿的纸袋。

计算在当时是靠拉计算尺得出来的。论文完成之后，钱学森把最后的手稿存放到纸袋里，并在纸袋外面写下了"Final"（定稿）字样。但他立刻想到，人的认识是有限的，真理都是相对的，科学家对真理的探索永无止境。于是，他紧接着又在下面写上"Nothing is final"（永无止境）。寥寥数笔，体现的是钱学森谦虚谨慎、不断追求真理的科学精神。正如他自己所言："对待科学必须严格、严肃和严谨。"

钱学森认为，在科学研究中，学科的定义是有严格界限的，不能含混不清。20 世纪 80 年代，中国科学院自然科学史研究所的戴念祖同志编了一部《中国近代物理学家论文选》，拟收入钱学森早年的几篇论文，并来信表示敬意。1988 年 11

月 17 日，钱学森给戴念祖回信，说："我在三四十年代搞的绝不是近代物理学，而是应用力学，即技术科学。所以我们个人的感情不能算数，而应尊重科学门类的划分，严格地遵守！因此，我还是不同意把我的老旧货收入您主编的《中国近代物理学家论文选》，务恳您同意我的看法。"

钱学森堪称严于律己的典范。他对自己即将刊印的论文，历来都要求杂志社寄来论文清样，亲自校对之后才正式刊发。而他在科研中形成的手稿字体工整秀丽，图形表格规范，等号划得如同直线一般。他写给别人的信函不仅字迹工整，行文简洁，书面清晰，一丝不苟，而且与众不同的是他每次几乎都是在信件首行写上对方的详细通信地址、工作单位、邮编、姓名。见微知著，这一切工作的背后，体现的是一位大科学家对待科研和学术严谨细致、一丝不苟的一股"认真劲"。

钱学森不但严于律己，对科技人员的要求同样非常严格，能够被他表扬是很不容易的。酒泉卫星发射基地一位普普通通的新战士，却因一件"小事"受到了钱学森的表彰。1966年"两弹结合"试验前，这位战士在进行弹体内外观察时，发现弹体内部 24 号插头第 5 接点里有一根大约 5 毫米长的小白毛，担心因此造成通电接触不良，他用镊子夹，细铁丝挑，都未能取出小白毛，最后用一根猪鬃才把它挑出来。钱学森知道后，极为赞赏，小心翼翼地把这根小白毛包好，带回北京作为作风严谨的典型案例，教育全体航天科技人员。戚发轫院士回忆说："钱学森辩证地处理好了大事与小事的关系。他不是只待在上层，而是深入车间，对螺钉、螺帽都很关心。一旦导弹的导管、管路、阀门之类出现了问题，他都亲自到车间一起研究。"

作为中国科学技术大学近代力学系的创始人之一和首届系主任，钱学森在校工作期间，教学起点高、要求严，为培养中国早期力学人才呕心沥血。毕业于中国科学技术大学的米博恩回忆说："有次上课，钱老说如果你 5 道题做对了 4 道，按常理，该得 80 分，但如果你错了一个小数点，我就扣你 20 分。他常告诉我们，科学上不能有一点失误，小数点错一个，打出去的导弹就可能飞回来打到自己。"钱学森曾在黑板上给学生写下"严谨、严肃、严格、严密"几个大字，这是他对学生的要求，也是他学术精神的体现。可以说，一个"严"字贯穿了钱学森科学生涯的始终。

钱学森在阅读别人寄来的科技论文时，对于数据总是不厌其烦地重新计算一遍。他在 1986 年 11 月 28 日致任继周院士的信中，对任院士的论文十分赞赏，但又指出："唯第 1 页的 5.6% 应为 5.7%；58% 应为 57%。"任院士接到钱学森的信后又重新计算一遍，结果证明钱学森计算的数值果然准确无误。还有一次，钱学森在读报中发现《科技日报》1990 年 4 月 17 日的一篇报道中关于年均增长倍数的计算有误，随即于两天后就此致信报社社长李效时。他在信中说道："希望贵报的文字是科学的、严谨的，比其他报纸要好。也要改正习惯见于报刊的不科学说法。"

孙家栋院士曾说："钱学森办事非常严谨认真，非常有科学态度，他提出能办的，是抱着对国家、对民族高度负责、不怕担风险的大无畏精神，是建立在科学思考基础上的。""钱学森作为我尊敬的师长，从他带领我们开创中国第一枚导弹、第一颗人造卫星研制开始的几十年历程中，他一贯提倡并认真坚持以科学的态度，一切从实际出发，一切注重实践；坚持真理、实事求是的学风和品格一直伴随着我。"

1991 年 10 月 16 日，国务院、中央军委授予钱学森"国家杰出贡献科学家"荣誉称号。在授奖仪式上，江泽民同志对钱学森作出高度评价："钱学森同志是一位具有高尚的爱国主义，坚定不移地为社会主义事业奋斗的战士。我们大家都要向钱学森同志学习，学习他严谨的科学精神，学习他崇高的民族气节和优秀品格。"

活到老，学到老，前进到老

　　钱学森一生与书结下了不解之缘。在青少年时代，钱学森表现出强烈的求知欲，图书馆几乎是他"每天必去的地方"，他在此阅读了大量自然科学、工程技术和人文社科书籍，为其日后攀登科学技术高峰奠定了坚实的知识基础。在美国留学和工作期间，钱学森广泛涉猎各类专业文献，严谨治学，勇于创新，成为科学技术前沿的开拓者。到了晚年，钱学森数十年如一日，生命不息，探索不止，一方面孜孜不倦地从人类的知识海洋中汲取新知，始终保持着一位杰出科学家"活到老，学到老，前进到老"的进取精神和宝贵品质；另一方面通过大量创造性的艰苦劳动，著书立说，为人类的知识宝库不断增添新的宝藏，为后人留下了宝贵的精神遗产。

　　钱学森从小就勤奋好学，广泛涉猎科学和人文知识。他在初中时阅读过关于相对论的书，这激发了他对科学理论的兴趣。在北师大附中期间，钱学森经常去学校的图书馆借阅古典名著和科技类图书，拓展自己的知识面。大学阶段，钱学森"每天必去的地方"是学校的图书馆。在此期间，他开始广泛涉猎哲学社会科学著作。在加州理工学院期间，钱学森一有空就去图书馆翻阅书刊，对所从事学科的新论文几乎每篇必读，这使他能及时了解学科前沿动态。钱学森认为，图书馆对他的研究工作不可或缺。钱学森在美国工作期间，为了解决当时固体力学中的一个前沿难题——弹性薄壳失稳问题，几乎查阅了相关领域所有的文献资料。系统、全面、深入的文献调研，往往是钱学森研究每一个重要课题必定经历的一个环节。

无论在从事导弹航天期间，还是从国防科研一线领导岗位退下来以后，为了及时跟踪世界科技和时政前沿，钱学森特地拿出工资、补贴及稿费等的一部分，设立自己的专项购书基金，用于购买各种最新出版的书籍，订阅各种不同领域的杂志，如《人民黄河》《新华文摘》《求是》《人民画报》《文物》*New Scientist*、*Science American*，及 *Aviation Week*等。此外，对那些在普通人看来属于"小人书"系列的书，在钱学森眼里却有着不凡的阅读价值。例如，20 世纪 80 年代，钱学森涉足行为科学的研究。他为此专门托秘书去书店购买《雷锋的故事》，通过研究先进人物的成长经历，了解人的行为受哪些社会因素的影响和支配。

到了晚年，钱学森几乎足不出户，在家安心静养、潜心阅读。即使年过九旬，他仍坚持每天读书看报，从未间断。"为了有更多的时间看点书、搞点学术工作，我只有时应邀去中央党校讲东西，其他院校一概未去，您那里这次也不例外了吧。请谅！""近见报刊上有关于从去年7月开始举行的'香山科学会议'，您参加了。我对会议内容有兴趣，所以您处如有可以让我看的有关材料，可否借给我读？我阅后奉还。""我很希望能得到您在这方面的著作文章，如蒙赐一些复印本则将非常感谢！""蒙赐尊作《马克思主义哲学原理》上、下册已由钱学敏同志送来，我十分感谢！这两本书我要好好学习，若有疑难定向您请教。""我近来因行动不便，已不出去开会，也很少会客；只在家读书看报，想想问题，以继续学习。"这样的话语在国防工业出版社2007年出版的《钱学森书信》中比比皆是、不胜枚举。

据钱学森夫人蒋英回忆，"从结婚的第一年第一天到以后这六十几年，他（钱学森）天天晚上都是吃完晚饭，自己倒一

晚年钱学森

杯茶，躲到小书房里去看书。"钱学森之子钱永刚在接受记者采访时说道："父亲一生都在不断地学习，不断地从新的知识里汲取营养"；"他看书看到最后一天，一直到入院前几个小时都在看报纸期刊，看文件。"2009年11月12日，钱学森秘书涂元季在接受人民网访谈时说，钱学森在学术上取得了巨大的成就，但他从来没有满足过，因此他不断学习，什么书都看。"他看书之多，我跟他当了几十年的秘书，大概可以说一句不夸张的话，这是新华书店卖书的人告诉我的，说全国没有谁比他买书多，书店专门给他留一个格子，有什么新书给他留着，什么书都看，买很多很多，最尖端的科学、外文的东西他都读，新华书店的人都问他一个人读得了这么多？是不是你们这些人在加塞儿？我说他买的那些书我们看不懂，所以钱老不是一个收藏家，他不是收藏书，他是看。"钱学森去世后，他的所有藏书都经由钱学森之子钱永刚教授捐赠给上海交通大学钱学森图书馆。据钱馆工作人员清点统计，钱学森一生参阅过的书籍、期刊达三万多本，用"浩如烟海"来形容一点不为过。1997年12月，北京市妇联授予钱学森家庭北京市"家庭藏书状元户"称号。1997年12月，北京市海淀区妇联授予钱学森家庭海淀区"藏书明星户"称号。

正是对图书的执着和热爱，对知识的渴望和追求，铸就了钱学森这位享誉海内外的杰出科学家的卓越功勋，也成就了他卓尔不群的人生。钱学森"活到老，学到老，前进到老"的精神对后人无疑有着重要的启迪和激励，值得大家永远学习、传承。

"马克思主义哲学是智慧的源泉"

　　钱学森是一位自然科学家，同时又坚信马克思主义哲学（即辩证唯物主义和历史唯物主义），并认为马克思主义哲学是"科学的真理"。他在学习和领悟马克思主义哲学的过程中，自觉用其指导自己的科学研究和学术工作。科学与哲学融会贯通，理论与实践辩证统一，贯穿于钱学森奋斗的一生，使他在遇到困难时驾轻就熟，在成功的道路上如虎添翼。

　　学贵有恒，道在悟真。钱学森从年轻时候就开始接触中外哲学名著。他通过不断学习、反复比较，思想境界不断升华，并逐步树立了马克思主义政治信仰，最终成长为一位有崇高理想和远大抱负的爱国青年知识分子。早在交通大学求学期间，钱学森除学习专业课程外，还自学了一些中外哲学名著。他逐渐认识到唯物论、唯物史观很有道理，而唯心论则不切实际，从而初步形成了唯物主义世界观。在加州理工学院，钱学森经同学马林纳介绍，参加了学校的马列主义学习小组，学习了恩格斯的《反杜林论》和《自然辩证法》等哲学著作，进一步接触到唯物史观、辩证法、唯物论等马克思列宁主义哲学思想。在 1950 年到 1955 年争取回国的这段日子里，他潜心研读了《资本论》等多部马克思主义经典著作。

回国以后，钱学森一直坚持学习哲学并接受哲学的熏陶，并在不断学习过程中悟出了马克思主义的真理。他不仅阅读了许多经典的马克思主义原著，特别是毛泽东的《实践论》和《矛盾论》，还阅读了黑格尔、普列汉诺夫、布哈林和卡尔·波普等哲学家的著作，在思维方法上有了升华。尤其是《实践论》和《矛盾论》，钱学森推崇备至，经常反复研读。此外，他还从"儒、墨、道、法、佛、易"等国学文化中汲取哲学精华，在比较中印证辩证唯物主义的科学性，从而奠定了他的马克思主义哲学观。钱学森是自觉地把马克思主义理论和专业知识与中国社会主义建设事业的伟大实践紧密结合而取得辉煌成就的为数不多的科学家的代表。他在回忆自己走向马克思主义哲学的过程时说："从高中（是理科部）到十一届三中全会，大约半个世纪，我在理工方面学习和工作。主要是自然科学与工程技术的结合，不是纯科学工作者，也不是工程师，是从科学理论到工程实际。是'冷'与'热'的结合，也由此悟到马克思列宁主义的伟大真理。"

通过不懈努力和对马克思主义的炽热情怀，钱学森最终成为一位坚定的马克思主义者。他在自身深厚的科学技术理论功底与丰富的工程实践经验的基础上，把马克思主义理论作为指导其进行科学研究的方法论，在实践中丰富发展了马克思主义理论，为马克思主义的发展和马克思主义中国化做出了重要贡献。

从 1956 年开始，钱学森把马克思主义哲学作为沟通与嫁接自然科学与社会科学的桥梁和纽带，创立了许多交叉学科和边缘学科，并强烈呼吁，发展交叉学科，必须要用马克思主义哲学作指导，指出："马克思主义哲学确实是一件宝贝，是一件锐利的武器。我们在搞科学研究时（当然包括交叉学科），如若丢弃这件宝贝不用，实在是太傻瓜了！而如果能在交叉学科的研究中用好马克思主义哲学，那交叉学科在我国的发展前途是光明的。这是必然的，无疑义的。"1957 年，他在《技术科学中的方法论问题》一文中提倡说："在技术科学的研究中，我们把理论和实际需要灵活地结合，不能刻板行事。"

到了晚年，钱学森运用实践论、矛盾论、系统论的观点，创建了现代科学技术体系，为建设中国特色社会主义提供了强大的思想武器。在这个体系中，马克思主义哲学属于第一层次，是整个科学技术体系的核心和"总纲"；同时，他又把现代科学技术大部门哲学放在第二个层次，成为连接科学技术与马克思主义哲学的桥梁，"从根本上拆除了以往各部门科学技术之间仿佛永远不可逾越的中界"，丰富和发展了马克思主义理论。

　　钱学森在书信和论著中多次阐述他对马克思主义哲学的深刻理解。他认为，"世界上的一切理论，都是一层一层地概括的，到了最高层次就是哲学，就是人认识世界、改造客观世界总结出来的最高的原理、最有普遍性的原理。这种最有普遍性的原理就是马克思主义哲学的核心，就是辩证唯物主义。"早在 1978 年，他就强调，"哲学作为科学技术的最高概括，它是扎根于科学技术中的，是以人的社会实践为基础的；哲学不能反对，也不能否定科学技术的发展，只能因科学技术的发展而发展。"哲学家"要力求主动，不断吸取新科学、新技术的成就作为发展马克思主义哲学的素材。"1994 年 2 月 7 日，钱学森在致钱学敏的信中说道："马克思主义哲学居于科学技术以及知识体系之首，是触类旁通的钥匙。创造力来源于马克思主义哲学，而用这个观点看科学技术以及知识体系，就是大成智慧学。"他多次指出，"马克思主义哲学、辩证唯物主义是人类一切知识的最高概括，也是人的一切实践经验的最高概括。"

　　钱学森认为，马克思主义哲学必须用来指导科学研究工作，为科学研究提供正确的世界观和理论武器。他坚持"实践的观点是辩证唯物论的认识论之第一的和基本的观点"，强调在认识论问题上最重要的是：要从实践来，又要指导实践。他指出："马克思主义哲学作为科学技术的最高理论，就必须用来指导科学技术的进一步发展。""所有的科学技术工作，自然科学、社会科学、技术科学、数学、工程技术，不用马克思主义哲学来指导，或者不重视马克思主义的哲学对于科学研究的

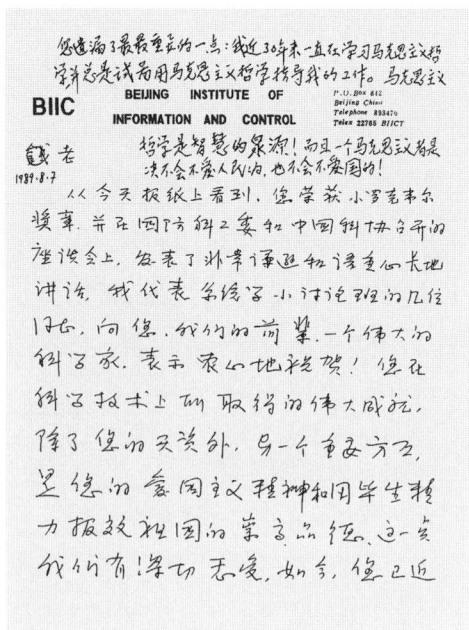

1989 年 8 月 7 日，钱学森给于景元的信。

指导作用，是危险的。"钱学森曾这样总结道："我自己回顾，我一生工作的中心就是理论联系实际。"他曾在给一位学术友人的信中说道："我近 30 年来一直在学习马克思主义哲学，并总是试图用马克思主义哲学指导我的工作。马克思主义哲学是智慧的源泉。""只有用马克思主义哲学武装起来的、有实践经验、有学问的人，才能少犯错误，才是有智慧的人。"

中国人民大学教授黄顺基、北京大学教授冯国瑞、北京大学教授黄枬森等学者对钱学森的哲学思想进行过系统深入的研究。黄顺基在《钱学森对马克思主义哲学的发展》一文中指出："钱学森在其深厚的科学技术理论功底与丰富的工程实践经验的基础上，概括总结了现代科学技术的新成就，从现代科学技术体系、科学革命—技术革命—产业革命—社会革命、社会系统工程三个方面，丰富和发展了马克思主义哲学。"冯国瑞认为："钱学森从一位爱国知识分子成长为坚定的共产主义者，他在长期的社会实践和科学研究工作中，从自发到自觉地运用辩证思维方法，指导自己的科学研究和社会实践，取得了举世瞩目的卓越成就。""研究钱学森的科学观，对发展现代科学技术、推进马克思主义哲学、实施科教兴国战略、提高整个中华民族的综合素质，不仅具有深远的理论意义，而且具有重大的实践价值。"著名哲学家黄枏森认为，钱学森的马克思主义哲学观点"同辩证唯物主义过时论是根本对立的，在他那里，辩证唯物主义的身份（世界观）明确了，不但没有过时，而且永不会过时，虽然它要不断发展，但已与人类的科学和实践结下了不解之缘"。

讲学中央党校

　　钱学森不仅为"两弹一星"研制做出了杰出贡献，而且在晚年为培养党的高中级领导干部倾注了宝贵心智，做出了力所能及的贡献。1977 年中共中央党校复校以后，他受聘为名誉教授，先后 9 次应邀到校给学员做专题报告，时间跨度长达 12 年。这对于一直坚持"七不"原则，尤其在晚年可谓足不出户、潜心"宅"在家里从事学术研究的钱学森来说，既是破格之举，也实属难能可贵。

　　中央党校复校以后，邀请党和国家领导人、知名专家学者到党校讲学，一方面介绍党和国家的重大方针政策，另一方面介绍世界科学技术的最新发展动态，以帮助党校学员扩大视野和提升思维决策能力。党校在教学的组织领导方面有两个显著特点。一是强调"两个为主"，即学员来校以后主要阅读《马恩列斯和毛泽东著作选读本》，叫作"以学原著为主"；在处理教与学的关系方面，强调学员来校以后"以自学为主"，党校专职教员讲课较少，而且所讲的内容主要是为了帮助学员读懂原著。二是根据轮训和培训高中级领导干部的需要，不仅中央党校校领导和各教研室主任要带头给学员讲专题课，而且经常请党和国家领导人、党中央和国务院各部门负责人、科研机关和高等院校的专家学者来校做专题报告。这些报告不仅讲解党和国家的重大决策和部署以及相关的方针政策，而且也及时介绍当代世界最新的科学技术及其发展趋势，帮助学员扩大视野，增强战略思维能力和决策能力。外请专题报告在中央党校教学中具有特殊的地位和作用。

中央党校原副校长冯文彬同志在罗马尼亚高级党校的讲话中说：我们中央党校教学中有一个最大的特点，"就是在每期轮训班的学习过程中，除了教员对基本教材做一些必要的辅导之外，都要从校外请中央领导同志和各有关业务部门的负责人、专家学者来校作报告。这些报告深受学员的欢迎，特别是中央领导同志的报告，政治理论水平高，分

1986 年 11 月，钱学森给中央党校全体学员讲课。

析情况全面深刻，指导性很强。一些专家学者的报告，知识丰富，富于启发性"。"他们的报告是党校学员最欢迎的活教材，很快就都传到全国去。"

钱学森在中央党校所做的9场报告分别为《现代科学技术》（1977年11月4日至5日）、《现代科学技术的发展》（1979年4月23日至24日）、《研究和创立社会主义现代化建设的科学》（1982年11月2日）、《新技术革命的若干基本认识问题》（1984年4月4日）、《我国社会主义建设的大战略问题》（1985年5月20日）、《社会主义现代化建设和领导决策的科学化》（1985年11月1日）、《我国社会主义初级阶段的建设问题》（1987年12月1日）、《建立意识的社会形态的科学体系》（1988年9月24日）和《社会主义文明的协调发展需要社会主义政治文明建设》（1989年4月15日）这几篇报告经彭学诗整理，2015年由上海交通大学出版社出版发行。这些专题报告在内容上，高屋建瓴，具有很强的思想性、前瞻性和针对性，既包括治国理政的重大理论和现实问题，也包括科学技术发展和新技术革命的方向性问题；既包括社会主义建设的"国家科学""领导科学"问题，也包括社会形态、"四个文明"建设等人类发展方向性问题。在形式上，钱学森每次讲学前都认真备课、详列提纲，且在讲课过程中鼓励学生提问，开展互动式教学，很受学员欢迎。钱学森通过讲学，既将世界科学技术发展趋势与前沿问题教授给学员，同时也促使自己系统地思考中国社会主义的未来与发展问题，可谓高瞻远瞩、深谋远虑。

一座卷帙浩繁的思想宝库

    上海交通大学钱学森图书馆收藏有钱学森一生留下的各类手稿、剪报、资料等共 632 袋、计 2 万余份，包括批注、文稿、笔记、书信等。《手稿》是钱学森精神以实物形式永恒留存的重要载体，是钱学森作为一位杰出的战略科学家和思想家留给中华民族的宝贵学术财富和思想遗产，弥足珍贵，价值非凡。

    解放军原总后勤部政委张文台上将指出，钱学森是"思想的先驱、科技的泰斗、育人的导师、做人的楷模"。钱学森手稿俨然一把闪耀着思想光芒的熊熊火炬，蕴含着钱学森博大精深的学术思想，承载着钱学森学术成长的轨迹，堪称"思想宝库"。通过整理与研究发现，这些手稿内容在学科分布上呈现如下特点：① 分布全面，涵盖钱学森创立的现代科学技术体系所列自然科学、社会科学、数学科学、系统科学、思维科学、人体科学、地理科学、军事科学、行为科学、建筑科学和文艺理论等 11 大学科门类及其"总纲"马克思主义哲学；② 重点突出，呈现钱学森回国后尤其是晚年的主要学术关注方向和学术思想的形成过程、演变规律与发展轨迹。以 20 世纪 80 年代初退出国防科研一线领导岗位为界，钱学森的主要学术兴趣逐渐从自然科学、技术科学领域转向人文、社会科学和马克思主义哲学上来。其中社会科学、系统科学、思维科学是晚年钱学森重点关注的学科领域。《手稿》堪称钱学森作为一位战略科学家重要的思想遗存，是学习钱学森、宣传钱学森、研究钱学森宝贵的第一手资料，体现了一位杰出科学家纵横驰骋于众多学科领域的大家气魄和大师风采。

钱学森手稿既是折射钱学森真知灼见的重要载体，也蕴含着他始终关心国家发展的现实情怀。从钱学森公开发表的学术论文和出版的学术著作中不难发现，他的很多学术思想，无论是诸如宏观层面的总体设计部思想、社会系统工程理论与实践、教育改革思想、产业革命理论，还是中观层面的中医现代化、园林城市、科技经济、生态保护，乃至微观层面的黄河治理、北京城区规划、沙漠地区农作物产量计算，等等，在手稿中都有丰富而清晰的记载，蕴含着他关心国家长远发展、着眼民族振兴富强、心系人民幸福安康的真知灼见和精神追求，体现了深层的爱国主义情怀，具有宝贵的现实指导价值。他的系统工程理论、管理科学思想、创新教育思想等新观点、新思想、新方法，已经得到党和国家领导人的充分肯定和高度评价，为我国当前的国家治理体系和治理能力现代化建设提供了重要现实借鉴。他对马克思主义哲学的探索、继承和发展，充分体现了一位人民科学家对社会主义中国的道路自信、理论自信和制度自信。这些思想建树渗透在钱学森手稿的字里行间，读来不由令人叹为观止、肃然起敬。

钱学森具有超前的战略眼光和深邃的前瞻思维。他提出和创建的很多理论、思想、观点、方法，既高屋建瓴、高瞻远瞩，又切中实际、有的放矢，既能"顶天"，又可"立地"，具有极强的先见性、科学性。至今为止，他的很多重要理论和设想，如系统工程理论、总体设计部思想、第六次产业革命理论，已经经受了实践的检验，成为献智于国、造福于民的活生生的现实，并得到从普通学者到政府官员，乃至党和国家领导人的重视和赞许。这些理论、思想、观点、方法集中体现在钱学森晚年的手稿中，体现了他对有关中国社会主义建设理论和现实问题的深层思考和殷切期望，随着时间的推移和国家的

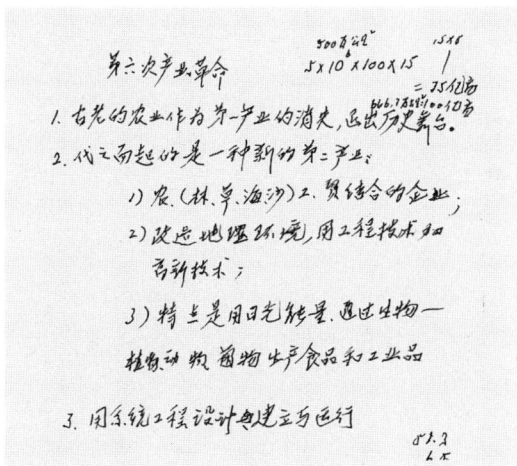

钱学森关于第六次产业革命的手稿。

不断发展，越来越折射出一位战略科学家的思想火炬和智慧光芒。诚如钱学森对孙子所说：如果说 20 世纪的爷爷称得上是伟大的话，那么 21 世纪的爷爷将会更加伟大。其含义和价值或许正在这里。

钱学森手稿不仅是钱学森精神的具体体现，也是钱学森思想的载体和结晶；不仅蕴含着钱学森卓尔不群的人生历程，也折射出他吐故纳新的思想轨迹，具有十分重要的历史价值、科学价值和思想价值。当前，中国特色社会主义已经进入新时代，新时代需要新的理论武装。对钱学森手稿从更高的视角、以更广阔的眼界进行挖掘、解读和研究，定将为落实习近平总书记提出的"立时代之潮头、通古今之变化、发思想之先声，积极为党和人民述学立论、建言献策"要求，为构建具有中国特色、体现中国风格、彰显中国气派的理论体系提供更多思考的维度。

雷打不动的习惯

　　钱学森一生酷爱读书看报，并喜欢将感兴趣的文章剪下来留存。他早在美国学习和工作期间就养成了积累资料的习惯，凡是自己认为重要的内容，尤其是科学技术方面的介绍和报道，他都会剪下来保存。返回祖国后，无论工作多么繁忙，他一直没有改变剪报这个习惯，每天都要抽出时间读书看报。特别是 1982 年退出国防科技一线工作以后，钱学森回归他的兴趣所在——学术研究领域，得以有时间大量阅读各类报纸杂志。其中每天必读的报纸就有八份：《人民日报》《经济日报》《光明日报》《科技日报》《解放军报》《北京日报》《参考消息》《经济参考报》。每期必读的杂志有七份：《人民画报》《求是》《新华文摘》《文物》以及英文的《新科学家》《科学美国人》和《航空周刊》。以上这些是他每天雷打不动的学习内

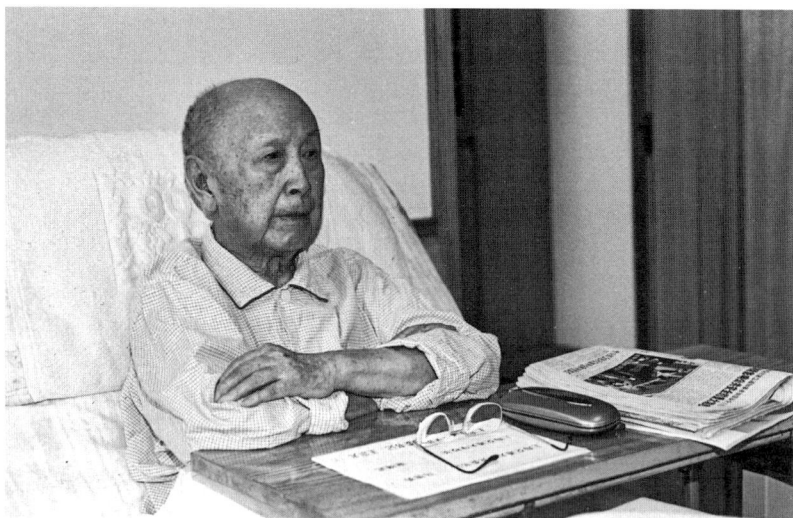

晚年钱学森每天必看《人民日报》《经济日报》《光明日报》《科技日报》《解放军报》《北京日报》《参考消息》和《经济参考报》等报纸。

容，即便休息日和节假日，甚至元旦、春节都无一例外。他直到 2009 年 10 月 31 日去世前两天，仍然在读书看报。他看的这些报纸和杂志每份不落，如果缺哪天的报纸或哪期杂志，身边工作人员总会想方设法查找补上，有时甚至联系报社和杂志社，让对方重新寄来一份。此外，钱学森每天还要阅读很多别人寄来的书籍、杂志资料和信件等。

　　一个人每天要阅读这么多东西，在常人看来是难以做到的，至少首先需要大量的时间作保障。钱学森回国后几乎放弃了自己的所有爱好，日常生活极为"平淡"。他从不看电视，从不过节，不参加各种应景活动，甚至亲朋好友聚餐也没有。钱学森 1982 年退出国防科技工作一线以后，于 1986 年 3 月

当选政协第六届全国委员会副主席，并连任第七、第八届副主
席至 2001 年 3 月，同时还于 1986 年 6 月至 1991 年 5 月担
任中国科协主席。在这长达 27 年的时间里，他仅在 1987 年
率中国科协代表团出访过一次，1988 年率中国科协科学家代
表团去黑龙江参观考察过一次。除此之外，他很少离开北京，
每天除了吃饭和休息，其余时间都用于参加学术活动、看书读
报、学习思考等。

作为一名大科学家，钱学森阅读能力极强，看书读报的
速度极快，且总能在最短的时间内抓住重点。他除了解党和国
家的大政方针、国内外大事外，更多的是追踪当今世界科技发
展的最新成果，同时也非常关注国计民生的方方面面。一份报
纸、一期杂志，他能很快发现什么是自己感兴趣的东西、什么
是重要的内容。但凡看到有"意思"、能够吸引他"眼球"的
文章和新闻，或者有关新事物出现的报道，他都会剪下来，粘
贴保存以供备查。有的内容他还复印并推荐给他人阅读。对其
中的许多文章他会提出自己的看法和建议，并直接写在文章留
白处，相当于批注。所有这些文章都由他亲自剪贴，分门别类
装进使用过的旧信袋里，并在信袋正面写上分类标题，如"现
代中国的第三次社会革命""教育革命""文化问题"等。不难
发现，钱学森关注的都是主流报纸，是国家政治、经济、思想
文化、科学技术、军事、外交等宏观政策的风向标。这些剪
报资料犹如"私人数据库"，以备随时查找。这些繁琐的剪贴
手工劳动都是钱学森一个人独立完成，工作人员永远插不上

手。剪报的习惯一直持续到他九十多岁。工作人员在整理钱学森的资料时，惊奇地发现他在美国工作和学习期间的剪报有九大册，共 1 700 余份，而他回国后用于装剪报的旧牛皮纸袋竟多达 629 个，初步统计内装包括剪报在内的各类资料近 10 万页，其中剪报 19 000 余份，平均每天制作 3 份。

钱学森看书读报既不是业余消遣，也不是为自己装点门面，而是他对科学、对真理孜孜以求精神境界的具体体现，反映了他对国家、对民族、对人民高度的责任感。他通过看书读报关心国家大事，关注社会民生，了解科技发展动态和最新科研成果，从中汲取思想营养、开阔视野，作为自己进行学术研究的参考。工作人员在整理和翻阅钱学森剪报中发现，他关注的领域十分广泛，几乎涵盖社会发展的各个方面，工业、农业、经济、科技、文化、金融、法制、哲学、民族关系、宗教、城市建设、建筑、环境、国际关系、文学艺术，等等。在阅读过程中，他对很多问题都有自己的独到见解，这体现在他对文章所做的批注中。批注有批评，有建议。有的很长，条分缕析，细致入微；有的很短，鞭辟入里，一语中的。比如，《人民日报》1992 年 12 月 9 日报道了中国第一家模特经纪公司成立的消息，钱学森看完后觉得这是一个新鲜事物，便在报道旁批"第五产业"四个字，意为这件事属于文化产业。总体来看，钱学森读报批注主要关注国家的发展目标和发展道路问题，继承和发扬中国的传统文化问题，居民收入、医疗、教育等民生问题，以及科技创新问题四个领域。凡此种种，不难发现，钱学森在看书读报过程中，总是用科学家的视角看待世界，用科学的理性思维认识世界。这也从一个侧面凸显了他作为一位人民科学家的社会良知与科学理性，折射出他皓首穷经谋国是、一力担当垂后昆的家国情怀。钱学森剪报犹如一部厚重的教科书，闪耀着思想的火花和智慧的光芒。

钱学森治学过程中坚持读书札记的方法值得后人借鉴。细读钱学森晚年发表的论文或言论会发现，其中不少观点都能在札记中找到。这些读书札记犹如"源代码"对钱学森思想起到激活作用，并经过自我凝练后内化为自己的思想观点。

第四章 创新篇

攻克空气动力学前沿难题

1936 年 10 月，钱学森来到加州理工学院攻读博士学位，他追随当时在加州理工学院的世界著名空气动力学家冯·卡门教授，开始航空工程理论即应用力学的学习。

钱学森在其《谈科技创新人才的培养问题》一文中曾这样描述加州理工学院："创新的学风弥漫在整个校园，可以说，整个学校的一个精神就是创新。在这里，你必须想别人没有想到的东西，说别人没有说过的话。加州理工学院给这些学者、教授们，也给年轻的学生、研究生们提供了充分的学术权利和民主氛围。不同的学派、不同的学术观点都可以充分发表。学生们也可以充分发表自己的不同学术见解，可以向权威们挑战。"

冯·卡门教授教导钱学森从工程实践中提取理论研究对

象的原则，也教导他如何把理论运用到工程实践中去。冯·卡门每周主持一次研究讨论会和一次学术研讨会，这些学术活动给钱学森提供了锻炼创造性思维的良好机会。在冯·卡门的悉心指点下，钱学森很快便迎来了人生中的第一次创新高峰。其中，他瞄准当时航空界面临的重大前沿难题，在空气动力学领域取得了一系列开创性的成果。

提出"卡门—钱近似"公式

20 世纪 30 年代，正处于喷气式飞机大发展的阶段，涡轮喷气发动机在飞机上的运用，让飞机的飞行速度日渐提高，这给航空理论带来了许多新问题和新挑战。当飞行速度逐渐提高而接近声速的时候，空气的可压缩性开始产生作用，致使飞行阻力急剧增加，出现机翼抖振、操纵性能变差等险情，严重时会使飞机突然丧失攀升力而急速下坠。美国曾有试飞员因此而丧生。如何改进飞机机身和机翼的外形，以消除空气的压缩效应对高速飞行的制约，成为航空学界亟待解决的难题。当时航空界已有的计算方法只适用于机翼较薄或飞行速度较慢（低于 0.5 马赫）时的情况，不适用于接近声速时的情况。而且试验飞机模型的风洞，风速一般都不高，不能测定飞机在高马赫数飞行时表面受到的压力。因此，亟须一个从低马赫数实验结果修正到高马赫数的方法，以解决前述难题。

　　冯·卡门把这个难题交给了钱学森，他建议在求解相关线性方程时，采用近似方式，计算亚声速的流动。1939 年，在冯·卡门的指导下，钱学森凭借扎实的数学功底，做出非常精确的计算结果，写成了"可压缩流体的二维亚声速流动"一文，收录到自己的博士论文中。在这篇论文里，他采用来流状态处的切线作近似，得到亚声速气流中空气的压缩性对翼型压强分布的修正公式，即著名的以师生二人共同命名的"卡门—钱近似"公式。

　　该近似公式简便实用，误差值很小，具有很大的应用价值。以往，飞机设计只能依靠设计师的个人经验和实际的飞行效果。而运用了"卡门—钱近似"公式后，设计师可以站在理论角度，便捷、准确地计算出亚声速飞行中机翼上的压力分布，同时还可估算出该翼型的临界马赫数，从而让翼型更为准确、合理，因而颇受飞机设计师的青睐，在"二战"期间及战后一个相当长的时期被广泛用于飞机翼型的设计。在计算机进入飞机设计领域之前，该近似公式一直是最准确的计算公式，被航空界使用了 20 多年，因而也被收录到许多经典的教科书当中。

　　钱学森与导师共同完成的高速空气动力学问题研究课题和建立的"卡门—钱近似"公式，也使他在 28 岁时便成为世界知名的空气动力学家。美国航空航天界的资深科学家 Frank E. Marble 就曾指出：钱学森博士论文的发表立刻使他跻身于顶尖理论家的行列。

预见气动加热现象

飞行速度提高后，飞机所受的空气阻力和热效应会发生什么变化？这是 20 世纪 30 年代末正在向超声速进军的航空界精英们面临的一个前沿课题。当时航空界普遍认为，飞机飞行时周围的空气是冷的，飞机表面会被冷却。

钱学森则发现：飞机在高速飞行时，表面空气层因阻滞和摩擦，会对飞机产生加热作用，造成飞机表面温度升高，甚至损坏表面材料。

这一成果从理论上预见了实现高速飞行将面临的一个新障碍——"热障"。他给出了一个算例，一架未采取防热措施的飞机，以 6 倍声速飞行时，其表面温度可能达到外界空气温度的 8 倍！因此，必须对飞机表面采取有效的冷却或防热措施，才能实现高速飞行。他将这一研究成果写成"可压缩流体边界层"一文，收录到自己的博士论文中。

这一结论对飞机实现高速飞行，尤其是对火箭、导弹和飞船等的研制具有极为重要的意义。后来的航天科技实践完全证实了钱学森预见的正确性。

确立"上临界马赫数"

1946 年，钱学森与郭永怀合作，在"NACA Technical Note"上发表了一篇讨论跨声速流动问题的论文。这篇论文最早在跨声速流动问题中引入"上临界马赫数"概念，回答了飞机机翼上何时会出现激波这个重要的理论问题。

他们发现，对于某一给定机翼外形，当均匀的可压缩理想气体的来流马赫数逐渐提高到达某一临界值时，飞行体附近的最大流速会局部达到声速，人称临界马赫数。如果继续提高来流马赫数，飞行体附近出现超声速的流动区域，流场仍然是连续的。当来流马赫数进一步增加，突然会出现不连续的流场，并出现激波，这时的来流马赫数可称为上临界马赫数，它标志着流场从连续分布到不连续分布的突变，而此前人们所称的临界马赫数则称为下临界马赫数。应当说，真正有实际意义的是上临界马赫数，而不是以前大家所注意的下临界马赫数。

钱学森与郭永怀不仅提出了这个重要概念，而且作出了严密的论证，并克服了数学求解的困难，进一步确定了上临界马赫数的大小。这是一个被空气动力学界公认的重大发现。

提出高超声速流动的相似律

20 世纪 40 年代初，火箭等尖头细长飞行体的飞行速度已超过声速，其周围的流场中出现强激波，原来研究此类问题的线性化方程不再适用，为此，人们不得不为研究这种高超声速流动而设计建造昂贵的高超声速风洞。

而钱学森和冯·卡门则从基本的物理原理出发，采用量纲分析的方法，于 1946 年提出高超声速流动的升力和阻力系数

119

留美时期的钱学森。

的相似律。

这一成果不仅可以大大减少风洞试验和数值计算的工作量，并且为高超声速飞行器的设计奠定了基础。

创立稀薄气体动力学理论

20 世纪 40 年代中期，喷气推进技术已经有了长足的进步。钱学森认为，在这种技术条件下，飞机在空气非常稀薄的高空飞行已有可能性，远程喷气飞机的最优飞行高度估计在100 千米左右，但在此高度上的空气不能当作一般流体力学中的连续介质看待，必须用稀薄气体力学理论指导飞机的设计。

1946 年，钱学森将稀薄气体的物理、化学和力学特性结合起来研究，发表了"超级空气动力学——稀薄气体力学"一文，开创性地建立了稀薄气体动力学理论框架，使超高空飞行器有了可靠的理论基础。

空气动力学家庄逢甘院士指出，钱学森将稀薄气体流动划分为四个区域，即自由分子流区、过渡区、滑流区和气体动力学区。这种划分原则被学术界认为是研究稀薄气体力学的开创性工作。直到今天，所有关于稀薄气体力学的研究工作都是按照这四个区域开展的。

钱学森上述一系列开创性的工作，一步步推动着空气动力学的发展，"卡门—钱近似"公式开辟了高亚声速流动的研究；稀薄气体力学概念和方法的提出为超高空飞行器设计建立了理论框架；他和冯·卡门创立的跨声速和高超声速相似律，为高超声速飞行器的设计奠定了基础。可见，钱学森的研究工作几乎覆盖了空气动力学的所有速度范围。

破解薄壳失稳之谜

1939 年 6 月，钱学森获得航空与数学博士学位后，留在加州理工学院任教，任助理研究员，成为冯·卡门亦徒亦友的合作者。钱学森以追赶冯·卡门这样的大师为目标，继续沿着理论与实践相结合的应用力学道路，在薄壳稳定理论、超高声速及跨声速空气动力学以及喷气推进等领域进行探索，做出了开创性成就，其中有些工作堪称空气动力学发展史上的经典。

钱学森与冯·卡门合作，开展薄壳失稳问题的研究，这项研究属于固体力学范畴。当时，第二次世界大战鏖战正酣，交战各国为了取得空中优势，正加紧设计和制造全金属结构薄壳飞机，以取代早期的木质结构飞机。

薄壳结构强度高而重量轻，但当其承受的载荷超过一定数值时，壳体就会发生皱瘪而失效，这就是屈曲现象。飞机设计师需要计算发生屈曲的临界载荷值，以提高飞机设计的效率。但经典的线性理论给出的数值远高于试验值达 3 到 4 倍，只能依赖从相当分散的试验数据中整理得到的经验关系。这成为早年薄壳结构问题的一个谜。

为了解决上述矛盾，理论上必须考虑大挠度的影响，但在数学上遇到了求解非线性方程的困难。在研究这个问题之前，钱学森对前人的工作做了深入、系统的总结。他发现经典线性理论之所以失败，在于忽视了大挠度非线性影响，于是他从考虑有限挠度的弹性屈曲理论入手，采用能量法求取屈曲临界载荷。

钱学森首先研究球壳失稳问题，1939 年 10 月与冯·卡门合作完成"球壳外压屈曲"一文。他们认为，经典理论之所以失败，在于没有考虑到在加载过程中球壳除了保持球形位形外，还可能存在位能更低的其他位形。受外界干扰时，球形位形会跃变到位能较低的某个位形。所以，有必要区分经典性理论所给出的"上"屈曲载荷以及壳体发生有限变形而屈曲的"下"屈曲载荷。前者可以在试验中小心避免不对称等初始缺陷而达到，而设计所需的临界载荷只能是后者。这样，他们提出了计算屈曲临界载荷的能量跃变准则，用此准则计算得到的"下"屈曲载荷值和试验值很接近。

1942 年，钱学森发表了五篇关于屈曲问题的重要论文，其总结性论文为"薄壳屈曲理论"，内容涉及屈曲判别准则、非线性侧向支撑的柱、外压下的球壳等。这些论文突破了经典理论的局限，为弹性薄壳理论做出了划时代的贡献。

此外，这些论文对外部压力所产生的球壳的屈曲、结构的曲率对于屈曲特性的影响、受轴向压缩的柱形薄壳的屈曲、有侧向非线性支撑的柱子的屈曲以及曲度对薄壳屈曲载荷的影响等都进行了研究，作出了一系列理论预测。

钱学森还计算了球形薄壳、圆柱形薄壳等构件发生屈曲的临界载荷。按照钱学森的方法进行设计可大大提高飞机的机壳刚性和安全性，因而他的理论一公布就被航空学界所接受，并很快为各个飞机制造公司所应用。

提出核火箭的设想

　　20 世纪 40 年代，由于在应用力学、航空工程、喷气推进等领域做出了许多开创性的贡献，钱学森成为知名科学家。一般科学家成名之后很少转型换向，但钱学森没有止步于既有的成就与荣誉，而是继续艰辛探索，将自己的研究推向更为广阔的领域，核动力工程就是其中一个新的领域。由于强烈的开拓创新意识，钱学森这一时期在很多领域都有建树，他在核动力工程领域提出了核火箭的设想。

　　1944 年，钱学森受邀成为美国国防部科学咨询团成员。第二次世界大战结束前夕，钱学森随科学咨询团赴欧洲，考察德、英、法等国在航空和火箭领域的研究情况。考察期间，特别是在德国，获得了许多纳粹德国战时从事火箭研究的情报和资料。考察结束后，在冯·卡门的主持下，咨询团编写了题为《迈向新高度》的展望性报告，为美国战后航空航天技术的发展描绘了长远蓝图。报告总共有 13 卷，钱学森参与了其中5 卷的撰写。钱学森对核能应用的兴趣也源于参与起草该报告。其中，他为报告起草的第七卷《飞机燃料和推进剂》第五部分"原子能燃料作为飞机动力的可行性"，提出利用核裂变能作为热源的核火箭的创新概念，研究了原子能燃料用于热喷发动机和火箭发动机的可行性。

为了广泛搜集核能源以及其他原子能方面的资料，详细了解世界核能源发展动态。钱学森收集美国相关的报纸、期刊和科学杂志，主要是美国大众日报、《航空杂志》《新闻周刊》《纽约客》等期刊，以及某些特殊出版物，如《原子物理学家公报》《原子时代》等。他将一些重要的论文和信息剪切下来，并粘贴装订成九大本英文剪报。这些剪报排列有序、剪切工整、粘

钱学森收集的九大本英文剪报。

贴均匀，主要内容涉及美国的原子能计划，涵盖了从 1945 年 8 月第一颗原子弹爆炸到 1950 年 7 月钱学森准备动身回国近五年时间的内容。这九大本剪报共有 1 539 篇文章，其中 1 412 篇涉及核问题和原子能计划，占所有剪报数量的 90% 以上。

钱学森对发展核动力发动机保持着持续的兴趣。1946 年，他又发表论文"原子能"，介绍原子能作为飞行器动力这个研究领域的基础知识和研究动态，以及原子能作为动力在航空航天上应用和进行工程设计的物理原则与工程途径。

这个时期，他还撰写了一系列关于制造核火箭的讲稿，陆续在麻省理工学院演讲，引起师生和其他听众极大的兴趣。

1947 年 5 月，在麻省理工学院举办的核反应堆材料应用研讨会上，钱学森做了"采用核能的火箭和其他热力喷气发动机——关于多空反应堆材料利用的一般讨论"（"Rockets and other Thermal Jets Using Nuclear Energy: with a General Discussion on the Use of Porous Pile Materials"）的学术报告。该报告随后以论文的形式发表。钱学森详细阐述了采用核动力的火箭及其他喷气推进中出现的一些基本问题，如相对论效应、优化设计等，估算了核动力火箭的重量和性能，还对堆体减少临界尺寸的可能性与采用多孔材料作为堆体的优点提出了建议。多年后，这篇论述核动力火箭的论文仍被冯·卡门视为这一领域的经典名篇。

钱学森提出将核能用作火箭动力的设想，极富创新性和前瞻性，至今在世界上仍是喷气推进的一个前沿研究领域。

创立工程控制论

1950 年，钱学森受到麦卡锡主义的迫害，无法再参与保密项目研究。为了转移美国政府的注意力，争取早日回国。在被软禁的日子里，他的学术研究并未停滞，反而取得了重大进步，他将自己的研究重点转向理论研究，其一是开创"物理力学"，其二便是创立"工程控制论"。

控制论是二战后产生的研究各类系统调节和控制规律的新兴学科，以 1948 年数学家维纳的名著《控制论——关于在动物和机器中控制和通讯的科学》的出版为创立的标志。基于在火箭技术方面的丰富经验，钱学森敏锐地觉察到了控制论的重要性，迅速将控制论的原理应用到喷气推进技术中的稳定、控制与制导系统的研究，对其进行了发展和创新。

钱学森更加深入地意识到不仅在火箭技术领域，而且在整个工程技术范围内，几乎到处存在着被控制的系统。而且，有关系统控制的技术也有了多方面的发展，因此很有必要采用一种通观全局的方法，来充分了解和发挥导航技术和控制技术的潜在力量，以更广阔的眼界用更系统的方法观察问题，寻求新的方法，解释新的前景。于是，他从技术科学的高度出发，运用控制论的基本思想，结合在二战中发展起来的控制与制导技术的实践经验，以更广阔的眼界来观察工程领域中的自动控制问题，对各种工程技术系统的自动调节和控制理论做了全面研究，把控制工程系统的技术总结提炼为一般性的理论，从而创立了"工程控制论"这门新的技术科学。工程控制论的创立是控制论领域的一次伟大突破，旨在研究在工程中实现自动控制与调节的理论以及自动控制与调节系统的结构原理。

1953年底，钱学森在加州理工学院开设"工程控制论"课程，1954年，出版专著《工程控制论》（*Engineering Cybernetics*）。钱学森将"工程控制论"的内容界定为系统各个部分之间的相互作用的定性性质以及整个系统的运转状态。该书系统地揭示了控制论对自动化、航空、航天、电子通信等科学技术的意义和深远影响。书中所阐明的基本理论和观点，一方面奠定了工程控制论的基础，为人们提供了解决工程问题的普遍性理论，另一方面指出了进一步研究的方向，使人们能够更系统地、定量地处理工程中的控制问题，为控制论在工程技术中的应用开辟了新的前景，对自动控制理论的发展起了开拓和指导作用。

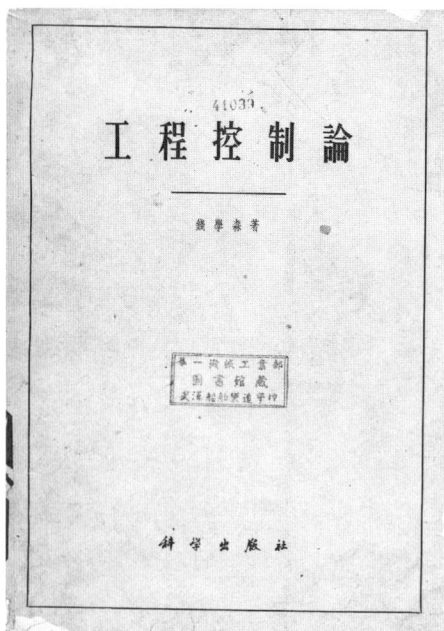

工程控制論

钱学森著

科学出版社

《工程控制论》1958年中文版。

该书得到了广泛的赞赏，吸引了大批数学家、工程技术专家献身于控制论的研究。几年间，该书就被译成俄、德、中、捷克等多种文字，广为流传，对控制论的发展和应用起到了巨大的推动作用，成为控制论领域的经典著作。

美国的一位专栏作家评论道："工程师偏重于实践，解决具体问题；数学家擅长理论分析，不善于从一般到具体，去解决实际问题。钱学森集两个优势于一身，高超地将两个轮子装到一辆战车上，碾出了工程控制论研究的新途径。"

在回国前夕，钱学森带着刚出版的《工程控制论》和他在加州理工学院授课用的《物理力学讲义》去送给导师冯·卡门，并和他做最后辞别。冯·卡门把书翻了翻，饱含感情地说："你现在学术上已超过我了！"

此后几十年，工程控制论的研究在国内外方兴未艾。

钱学森回国后，在中国大力传播这一理论。1956年春，他在北京中关村组织了一个"工程控制论"讲习班。1961年，又在他的建议下，国防部第五研究院与中科院数学所联合成立了控制论研究室，对我国导弹控制技术的发展做出了重要的贡献。

1957 年 1 月 24 日，《工程控制论》荣获中国科学院 1956 年度科学奖金一等奖。这也是新中国第一次设立的国家最高自然科学奖。

美国斯坦福大学的控制论专家伦伯格于 1990 年访问我国时，对许国志院士说：《工程控制论》的学术思想在国际上超前五年。自动控制理论专家、中国科学院院士高为炳说："《工程控制论》是自动控制领域中引用率最高的著作。"

开创物理力学

　　第二次世界大战结束以后，世界形势发生了重大变化，世界分成以美苏为代表的资本主义、社会主义两大阵营，双方进入冷战对峙状态。随后，美国政府的政策日益激进，以抵制共产主义的"蔓延"。1950 年夏，朝鲜战争爆发，美国掀起反共狂潮，钱学森被指控为共产党员，遭受了审讯、拘禁和迫害，连正常的学术研究也受到了影响。然而，这样的重压和干扰并未压垮他，身处逆境的钱学森以超人的毅力，果断将研究兴趣转移到更高更新的学术领域、与航空航天没有直接关系的理论研究方面，其中一个便是开创"物理力学"。

　　钱学森在研究超声速飞机、喷气推进和原子能等尖端技术过程中，特别是在处理火箭发动机内部的燃烧过程时，经常需要用到工程介质和材料在高温、高压、超高温、超高压等特殊状态下的性能数据。但在有关工程手册和文献中这类数据尚属空白，而且获取这类数据所需的状态往往超出了实验所能达到的范围。

为了突破这一难关，具有丰富宽厚物理学和化学知识的钱学森跳出旧的传统方法，着手运用基础科学的成就寻求新的途径。他把描述物质微观性质的原子分子结构理论、描述物质微观行为的量子力学、沟通微观和宏观性质的统计力学联系起来，加上发展得较为完善的传统应用力学，从已知的分子模型出发，并结合一些间接测量的数据来推算工程材料的宏观性质。

1953 年，钱学森在《美国火箭协会杂志》发表了具有科学史意义的论文《物理力学——一个工程科学的新领域》（"Physical Mechanics, a New Field in Engineering Science"），正式提出建立"物理力学"这门新学科，开拓了高温高压流体力学的新领域。其目的是想通过对物质的微观分析，把有关物质宏观性质的实验数据加以总结和整理，找出规律，利用这些规律预见新物质材料的宏观性质，为发展新材料和新工艺服务。

随后，钱学森在加州理工学院开设并讲授"物理力学"课程，在教学与研究中不断丰富、充实与深化其内容，形成厚厚的一本《物理力学讲义》。时至今日，这套讲义仍然是加州理工学院重要的参考资料。

1955 年回到祖国后，钱学森大力倡导与推动这一新学科的建立和发展，把最前沿内容带给了中国力学研究者和学生。1958 年 6 月，他在一份手稿中写道："物理力学是由于新技术的需要而提出来的，它自然是一门新学科，也其实是一个介乎固体力学、流体力学和物理、化学之间的生长点。唯其是新，所以就是在世界科学技术先进的国家里这方面的工作者也不多，在我们国家里物理力学更是处在萌芽状态，需要大力支持才能得到迅速地发展，才能满足新技术的要求。"

1956 年，钱学森在其创建的中国科学院力学研究所里成立了物理力学研究小组，并任组长，亲自培养第一批物理力学研究人员。1957 年钱学森在《论技术科学》中指出，物理力学作为技术科学的新方向之一应该大力发展。

1962 年，钱学森给中国科技大学化学物理系 1958 级学生讲授物理力学课程。

　　1958 年，中国科技大学成立，由钱学森主持设置了物理力学专业。他亲自讲授专业课的理论部分。1963 年至 1965 年三届学生连续毕业，成为物理力学研究的生力军。作为物理力学的开创人，钱学森对他们寄予厚望，他曾深情地鼓励学生说："我们只是物理力学的第零代，你们才是真正的第一代！"

　　1962 年，钱学森编著的《物理力学讲义》正式出版，此后不久就被译成俄文，并被广泛引用。

提出总体设计部思想

　　1955 年，钱学森回到祖国。第二年，他便全身心投入中国航天事业的创建与发展之中。他在国防部第五研究院创立了总体设计部，按照系统工程的方法组织实施火箭、导弹、卫星等复杂系统的论证、研制、试验和交付工作。

　　导弹和航天器是极其复杂的工程系统，必须精心设计、精心生产、精心试验，才能拿出既符合特定指标要求又满足工程进度和预算约束的优质产品。经验证明，要实现这一切，必须建立一个职责明确、运转协调的总体设计部，按照系统工程理论，定义工程系统，进行系统分析，在反复论证和模拟试验的基础上提出系统方案，逐层完善系统设计，使整个工程系统研制得以有序、高效地进行。

　　1962 年 3 月，中国第一个自行设计的中近程导弹发射试

1964 年 6 月，中近程导弹发射试验失败后钱学森在试验现场指导工作。

验失败。钱学森作为技术总负责人，经过仔细的事故勘察，他发现这次失败暴露出来的问题是多方面的，在管理中主要是没有认清整体与局部之间的关系。在总结失败教训之后，他提出必须加强对于总体设计规律性的认识，同时要充分做好地面试验，还要把各个分系统关系协调好。

在此基础上，同年 11 月 8 日，《国防部第五研究院暂行条例》颁发试行，系统地总结了五院建院以来的工作经验，集中地体现了当时航天科技工程科学管理的成果，使五院的各项工作进一步走向正规化、科学化，在当时被誉为航天科研工作的根本大法。

"建立总体设计部"被明确写进条例，规定型号总体设计部是总设计师领导型号设计工作的最高决策机构，主持制定总体设计方案和初步设计工作，草拟各分系统设计任务，并负责总体技术协调、全型号配套和分系统验收工作，主持总装测试、综合试验和设计定型等关键性技术工作。

钱学森说："每一个型号都要有一个总设计师，当然，还有副总设计师。但是更重要的是，有一个为总师服务的参谋机构——总体设计部，没有总体设计部，总师和副总师是无法工作的。"

据航天专家王永志回忆：我们刚到一分院总体设计部工作时，连总体设计的概念都没有，各方面的技术问题也不会协调。有一次，钱院长来了，他给大家举了一个通俗易懂的例子，说有一个朋友问他，夏天房间里太热，把冰箱门打开，房间里是不是能凉爽一些？他回答说，这是不可能的，打开冰箱的门，冰箱门附近可能会有点凉意，但整个房间并不会凉爽下来。因为这样做的结果，增加了电能消耗，电能转变为热能，电能消耗增加就意味着热能的增加，最终的结果是房间的温度升高。这就是局部和整体的关系，局部优化不等于整体优化。总体设计部的任务就是要做到整体优化。钱院长这个通俗易懂的例子，使我们明确了总体设计部的任务和要求。

总体设计部既是航天工程研制的技术总参谋部，又是直接参与研制工作的实体，是一个应该具有"三种功能、两种性质"的特殊单位，集设计功能、咨询功能与管理功能于一体，肩负科技工作者与工程技术管理者两种职责。总体设计部的作用特殊，是其他科研单位或业务机关不能代替的。

　　设立总体设计部，强化总体协调作用，是遵从型号研制规律的要求。加强总体设计部，明确其功能与性质，是钱学森倡导的系统工程方法在航天实践的具体体现与落实。

　　钱学森的总体设计部思想具有广泛的普适性，尤其适用于大规模的研究开发、工程系统和复杂的社会大系统。1991年，钱学森在《向中央领导同志汇报国家总体设计部问题（提纲）》中写道："1956年2月，我向中央写了一个有关发展航天技术的报告，这是我一生中要记住的一件大事。经过了34年半，今天我又在这里向以江泽民为首的领导汇报一件我国社会主义建设的重大问题——总体设计部，它又关系到一项重大决策，我的心情是十分激动的。"

开创系统科学中国学派

　　自 20 世纪 50 年代初涉足火箭控制问题，钱学森就与系统科学结下了终身情缘，开始了系统科学研究的生涯。特别是他自 20 世纪 80 年代前后逐步退出国防科研第一线领导岗位后，更加专心致志地投入到科学研究中去。比起早年间的研究，他晚年涉猎的学科更为广泛，学术思想更为活跃，创新意识更为强烈，迎来了自己的第三次创造高峰。在诸多新兴研究领域的研究中，钱学森着力最多、成就与影响最大的首推系统科学。

　　1978 年 9 月 27 日在上海《文汇报》上，钱学森、许国志、王寿云共同发表论文《组织管理的技术——系统工程》。这是中国第一篇全面深刻地阐述系统工程理论的文章，介绍了系统工程的功能、理论基础、研究方法，吹响了在神州大地推广系统工程的号角，是系统科学在中国发展的第二个里程碑。

1979 年，钱学森在《大力发展系统工程，尽早建立系统科学的体系》一文中正式采用"系统科学"一词，指出系统科学将是一门与自然科学和社会科学并列的新科学。1980 年，钱学森在中国系统工程学会成立大会上，明确提出了系统科学的"三个层次、一个桥梁"的体系结构。在系统科学中，处于应用技术层次上的是系统工程，这是直接用来改造客观世界的工程技术；处在技术科学层次上，直接为系统工程提供理论方法的有运筹学、控制论、信息论等；处在基础理论层次上的是系统学。钱学森的体系框架揭示了系统科学固有的有序结构，划清了系统研究中不同分支、不同层次学科的界限，使几十年来"人各一词，莫衷一是"的混乱局面澄清为"分门别类、共居一体"的有序知识体系。

钱学森还创办了"系统学讨论班"，以推动系统学研究，培养系统科学研究队伍。他在第一次学术讨论活动上，做了"为什么要创立和研究系统学"的讲话，介绍他探索建立系统学的过程和今后的努力方向。钱学森指出系统学的建立，实际上是一次科学革命，它的重要性绝不亚于相对论或者量子力学。讨论班前后坚持了 6 年，共举行了 80 多次的学术讨论活动。

1980 年代末至 1990 年代初，钱学森根据系统的复杂程度，把系统分为简单系统和巨系统两大类。巨系统又分为简单巨系统和复杂巨系统。如果复杂巨系统又是开放的，就称作开

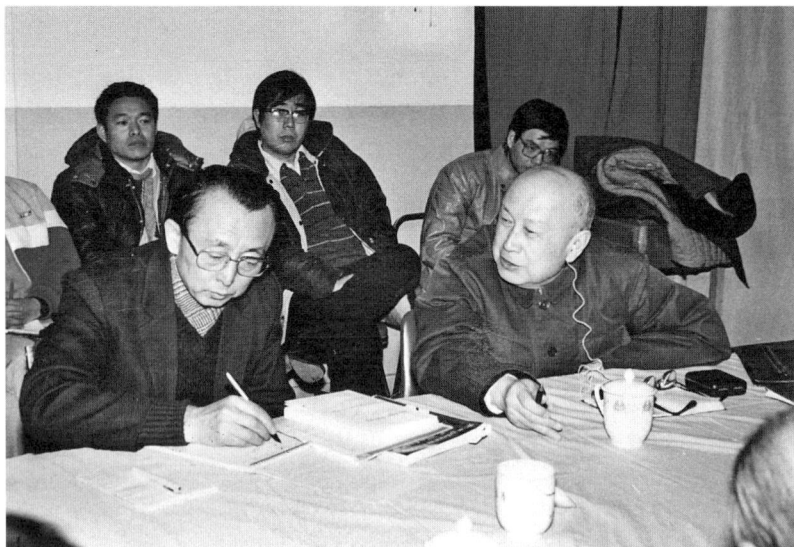

钱学森在系统学讨论班上发言。

放的复杂巨系统。"开放的复杂巨系统"概念的提出，是钱学森系统思想的一次飞跃，是人们对客观世界认识的一次重大突破，是系统学研究中最重要的进展。

用统计力学的方法可以处理简单巨系统，但不能解决复杂巨系统问题。为此，他提出"从定性到定量综合集成方法"（简称"综合集成方法"），将其作为处理"开放的复杂巨系统"的有效手段。1990 年 1 月，钱学森等发表《一个科学的新领域——开放的复杂巨系统及其方法论》，被誉为系统科学发展的第三个里程碑。

1992 年 3 月，钱学森在总结综合集成方法大量实验研究经验的基础上，提出综合集成方法的实践形式"从定性到

定量综合集成研讨厅体系"。这个研讨厅体系是把学术讨论会
（Seminar）的经验、C^3I（指挥自动化技术系统）及作战模拟、
情报信息技术、灵境技术（virtual reality）、人工智能、系统
学，像作战指挥演示厅那样组织起来，成为巨型人—机结合的
智能系统。在这种工作过程中，除了专家群体之间民主讨论相
互启发、相互补充以外，还可以通过计算机、灵境技术等快速
提供的古今中外的有关信息，启迪参与者的心智，激发集体的
智慧，把各种学科的科学理论和人的知识、经验结合起来，发
挥现代科学技术体系的整体优势和综合优势，集智慧之大成，
群策群力找出从总体上观察和解决复杂性问题的最佳方案和
决策。

综合集成方法已在航天工程系统、国防系统分析、宏观经
济决策和社会经济管理项目中得到应用，取得比较好的效果。
不仅引起国内、国际学术界的广泛关注，而且对政府部门的一
些决策者产生了重要影响。

协同学创始人哈肯说："系统科学的概念是由中国学者较
早提出的，我认为这是很有意义的概括，并在理解和解释现代
科学，推动其发展方面是十分重要的"，并且认为"中国是充
分认识到了系统科学巨大重要性的国家之一"。

创建思维科学

　　思维科学是钱学森在 20 世纪 80 年代初创建的一个科学技术部门。

　　20 世纪 80 年代初，世界各国纷纷提出研制第五代计算机的计划，以争夺智能计算机的制高点。第五代计算机的核心是模拟人脑的思维，使计算机具有人类的思维能力，而当时人们对人类思维规律的了解仍然非常肤浅。另一方面，以揭示人脑思维规律为主要内容的认知科学虽已有很大的发展，但离揭开人类思维之谜仍存在着相当大的距离，且其在方法论上存在自身不可克服的缺陷，特别是忽视对形象思维规律的研究。如果没有对形象思维规律的清楚认识，研制智能机就不大可能取得成功，所以迫切需要解决对人类思维规律尤其是形象思维规律的认识，为智能计算机的研制提供理论指导。

钱学森具有深厚的艺术修养，这为他创建思维科学，重视形象思维与灵感，把形象思维作为思维科学研究的突破口，提供了坚实的深层底蕴。

1983 年，钱学森在深入分析关于思维规律研究的已有成果基础上，倡导建立一个新的科学技术部门——思维科学（noetic science），并提出思维科学是和自然科学、社会科学并列的一大科学技术部门，它是从怎样认识客观世界这个着眼点来研究客观世界的科学。

他从现代科学技术发展的高度构想出思维科学的层次结构，认为思维科学分为基础科学、技术科学和工程技术三个层次。这个全新的、完整的、多层次的思维科学体系结构既整合了思维科学领域已有的研究成果，又指出一些为揭示思维规律所必不可少的、尚未建立的学科，为思维科学的突破开辟了新的发展方向。

钱学森认为思维科学是处理意识与大脑、精神与物质、主观与客观的科学。他指出，发展思维科学的两大"效果"：一是可以推动计算机的技术革命，为研制智能机奠定更全面、更系统、更坚实的理论基础；二是可以促进教育改革，促进教育科学理论的深化与完善，培养符合时代需要的创造型人才。

钱学森提出了许多开拓性见解，认为思维学的研究包括三个方面：一是逻辑思维，是微观的。二是形象思维。思维科学研究的突破口在于形象思维，这也是人工智能、智能机的核心问题。还有一个是创造性思维，是微观与宏观的结合。创造性

1991 年 7 月 13 日，钱学森就形象思维问题致华中理工大学（今华中科技大学）李德华教授的信。

思维是智慧的源泉，逻辑思维和形象思维都是手段。

1995 年，钱学森又对思维科学的研究对象和范围重新界定，指出：思维学的任务是怎样处理从客观世界获得的信息，包括 Popper 的"第三世界"这个非常重要的信息源、信息库，以获得改造客观世界的知识。处理可以只是人干，也可以人—机结合的部分。这就把思维科学的研究对象划分得非常清楚，与人体科学、认知科学进一步划清了界线。

在钱学森的倡导和推动下，我国思维科学研究者已在思维科学领域取得了可喜的研究成果，彰显出钱学森思维科学理论构想的强大生命力。

构建现代科学技术体系

在钱学森身上，有着源源不断的学术创新。钱学森常说，"我们不能人云亦云，这不是科学精神，科学精神最重要的就是创新。"在他的金色晚年阶段，还迎来人生中的第三个创造高峰。他晚年倾注了大量的心血和精力，以马克思主义哲学为指导，运用实践论、系统论的观点构建的现代科学技术体系结构，就是他人生第三个创造高峰中的重要成果，也是他晚年全部学术探索之总纲。

早在 20 世纪 40 年代末，钱学森就开始了对科学技术体系结构的探索。在自然科学领域，他将技术科学界定为基础科学与工程技术之间的桥梁，将自然科学划分为三个层次。

在 1979 年以后，他从更广阔的视野重新研究这个问题，进一步完善了三层次结构说，并发现这种层次结构是全部现代科学技术所共有的。每个科学技术部门都可分为三个层次：① 基础科学，是认识客观世界基本规律的学问；② 技术科学，为工程技术提供理论支持的学问；③ 工程技术，是改造客观世界的学问。

通过对系统科学的潜心研究，从系统的角度出发，钱学森指出：今天的科学技术是包括马克思主义哲学在内的人类认识和改造客观世界的整个知识体系。科学技术的研究对象从根本上讲只有一个，那就是整个客观世界，而现在的众多学科部门的分类，只是人们观察问题的出发点和研究问题的着眼点不同而已。

从 1979 年直至 1996 年，钱学森构建了一个涵括 11 个科学技术大部门的现代科学技术体系结构，包括自然科学、社会科学、数学科学、系统科学、思维科学、人体科学、文艺理论、军事科学、行为科学、地理科学、建筑科学。这大大扩充了传统的仅仅包括自然科学、社会科学两大部门的科学体系。除文艺理论外，每个科学门类又涵盖基础理论、技术科学、应用技术三个层次。其顶层是"人类认识客观世界的最高概括"——马克思主义哲学，中间通过属于哲学范畴的 11 座桥梁与 11 个科学技术大部门相联系。通过 11 座桥梁，前者指导我们认识和改造客观世界，而后者的发展也能深化和发展前者。

现代科学技术体系是一个开放的、动态的、发展的知识体系，钱学森认为这个体系结构并不是一成不变的，将来科学技

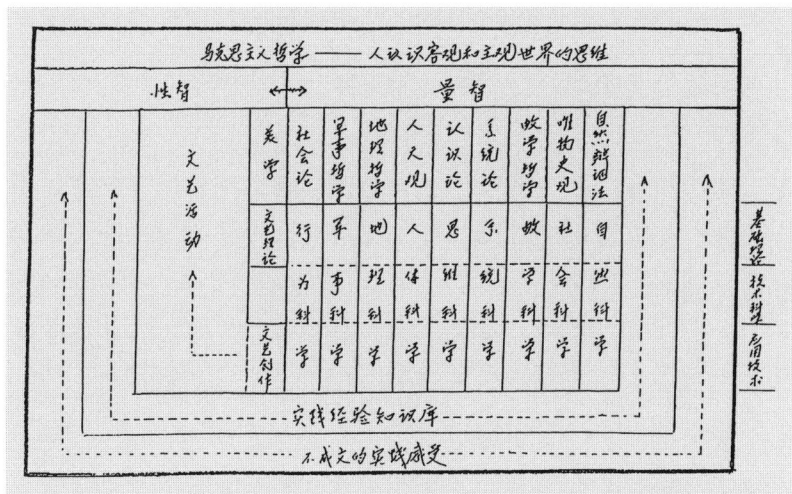

1993 年 7 月 18 日，钱学森在致钱学敏的信中手绘的现代科学技术体系图。

术发展了，还会有新的科学技术部门补充进来。

　　1991 年，钱学森在"国家杰出贡献科学家"荣誉称号授奖仪式上说："我认为今天科学技术不仅仅是自然科学工程技术，而是人认识客观世界、改造客观世界整个的知识体系，这个体系的最高概括是马克思主义哲学。我们完全可以建立一个科学体系，而且运用这个科学体系去解决我们中国社会主义建设中的问题。……我在今后的余生中就想促进这件事情。"钱学森认为这不是一个单纯的学术问题，而是同中国社会主义建设密切相关的重大问题。

　　中国人民大学的黄顺基教授认为，钱学森的现代科学技术体系坚持与发展了马克思主义哲学。它几乎概括了现代人类认识世界、改造世界的全部知识，其内在的许多观点、理论与方法极具前瞻性、独创性、战略性与可操作性。这一成果可以和近代自然科学革命时期培根、笛卡尔与牛顿科学研究的方法与理论在人类文明史上的贡献相媲美。

中国科学院院士戴汝为认为，钱学森的现代科学技术体系在内容方面具有重大突破，是当今科学技术发展进程中的重要理论创新。

提出大成智慧教育

钱学森不仅是一位成就卓著、思想深邃的科学家，也是一位理念先进、经验丰富的教育家。他的教育思想与其科学思想一样是与时俱进、富有创新性的。

大成智慧教育就是他自 20 世纪 70 年代以后，开始构建的极富前瞻性和探索性的教育思想，它主张培养以理、工、文、艺结合，借助现代科学技术体系与人—机结合的思维体系解决复杂问题为主要特征的大成智慧者。

随着科学技术的发展，尤其是计算机和网络的大量普及应用使得人们脑力劳动的方式也发生了巨大变化。过去思维基本上是靠人脑，现在已发展成为人—机器结合、人—网络结合新的思维体系。计算机及信息技术的产生，把人从繁琐的记忆当中解脱出来，把人从耗费大量精力的计算中解脱出来，使得几千年来传统的脑力劳动的效率大大提高，这又反过来促进科学技术的发展：一方面是已有学科不断分化、越分越细，新科学、新领域不断产生；另一方面是不同学科、不同领域之间的相互交叉、结合以至融合，向综合集成的整体化方向发展。

科学技术的发展，也使得它自身也发生很大变化：今天科学技术已不仅是研究一个个事物、一个个现象，而是研究这些事物、现象发展变化的规律，研究这些事物相互之间的关系，科学技术发展到今天已经不是一个零散的学科知识的堆积，而是逐步发展成为一个很严密的知识体系；科学技术的发展，还让还原论方法日益显现出它的不足之处。"从定性到定量综合集成方法"及其实践形式的诞生，弥补了还原论的不足之处，实现了整体论和还原论的辩证统一，这些使得集古今中外一切知识和智慧的教育成为可能，从而进一步提高了人的思维能力。

第五次产业革命与现代科学技术体系的形成，将会造成人—机结合的思维体系。人的聪明才智来自两个方面，即"性智"和"量智"。通过科学技术研究与开发，所获得的是"量智"，是微观定量的知识。通过文化艺术的训练和实践，所培养的是"性智"，是宏观整体知识。从 21 世纪人才培养需要出发，钱学森提出了大成智慧教育：一个与众不同的通才教育模式。大成智慧教育的目标是培养出能掌握马克思主义哲学，一方面有文化艺术修养，另一方面又有科学技术知识，既有"性智"又有"量智"的新型人才。

钱学森在 1993 年 10 月 7 日致钱学敏的信中说:"中国 21 世纪的教育,是要人人大学毕业成硕士,18 岁的硕士,而且是大成智慧学的硕士。这样的大成智慧硕士应熟悉科学技术的体系,熟悉马克思主义哲学;理、工、文、艺结合,有智慧;熟悉信息网络,善于用电子计算机处理知识。"

钱学森还为培养大成智慧硕士设计了一套全新的学制:

(1)8 年一贯制的初级教育,4 岁到 12 岁,是打基础。

(2)接着的 5 年(高中加大学),12 岁到 17 岁,是完成大成智慧的学习。

(3)最后 1 年是"实习",学成一个行业的专家,写出毕业论文。

钱学森指出这样的人是全才,但又不同于西方文艺复兴时期的全才,这是"新人类"。21 世纪的全才并不否定专家,这是全与专的辩证统一。

大成智慧教育的核心就是通过对整个现代科学技术体系结构的学习、理解和应用,打破各学科界限,集理、工、文、艺于一身,贯通古今,实现思维大跨越,获得"智慧"。

钱学森的大成智慧教育思想有着坚实的理论基础和极为丰富的内涵。尽管他为培养大成智慧硕士设计的学制还有待于通过教育实践的检验和完善,但他关于 21 世纪"新人类"应具备的知识结构、智能结构及其培养方式的论述无疑是富有前瞻性和科学性的,对当前及今后一个时期的教育改革和创新人才培养具有重要的指导意义。

第五章

协同篇

"'导弹概论'是我们的启蒙课"

　　1956 年 10 月五院成立时，新分配来 150 多人，包括应届大学毕业生和从各单位抽调来的科学技术人员，他们各有专长，但都从未见过导弹，更不用说参加过导弹研制了。那时国内还没有一所大学设有导弹专业，大部分人根本不知道到这里来干什么。钱学森认为，这些求知欲旺盛、精力充沛的年轻人，就是我国第一代导弹研制人员，只要好好培养，我国的第一批战略导弹和战术导弹将从他们手中研制出来。钱学森为他们编写了一份大约有 6 万字的讲稿《导弹概论》，亲自为他们讲课。

　　当时的导弹概论培训班学员徐荣昌回忆："我是 1956 年 9 月 3 日接到分配通知，从华南工学院分配到北京的。当时通知我带队，带领 4 名同学到北京航空 15 所报到。我们一下火车就被拉到了国防部五院，一点也不知道要干什么。到五院后听说我们的院长是钱学森，大家都很激动，都希望能有机会见到他。但是跟着这位大科学家干什么？能干好吗？我们心里都有点发怵。很快，钱院长就亲自到 466 医院病房也就是我们的宿舍来看望我们，询问我们所学的专业。我当时学的是通讯专业，觉得自己对航天是外行。钱院长就鼓励我们，说，'以后会给你们讲课，边学边干，年轻人要勇于挑重担。'五院成立大会之后，我们听了钱院长讲授的'导弹概论'课。钱院长讲课深入浅出，几句话就点开了我们的心穴。虽然我们对导弹知识并不了解，但是一下子就听懂了飞机和导弹的区别，并对导弹的研制工作有了初步的了解。当时大家都非常喜欢听他的课，他在讲课中还对我们说：'苏联能搞导弹，我们为什么不能干?！'这给了我们很大的鼓舞和信心。"

钱学森在五院成立时把《导弹概论》讲了第一遍，一般每周一次，每期讲一个月。其后又讲了多遍。20 世纪 50 年代至 60 年代前期，每年来了新大学生后他都要讲。五院政委让行政人员也去听课，以便了解单位的科研工作。行政人员起初以为听不懂，听完课后，大家却议论起来，说，"虽然自己文化程度不高，但钱院长的课讲得好极了，通俗易懂，生动形象。"学生们则说钱院长能把复杂的尖端技术问题讲得让外行人听了不觉得深奥难懂，专家教授们听了也不感到肤浅平淡。

1.

导弹问题 （内部刊物，注意保密）

第一讲 为什么要导弹

要了解为什么会有导弹武器，成为现代国防上万不能缺少的武器，我们先要讲讲飞机的发展历史。虽然在历史上，甚而至于在神话传说上已经有不少有关航空的记载和故事，但是真正大力发展航空事业还是比较近来的事。飞机的历史又不过五十年多一二岁罢了。然而在这五十多年中，变化是很大的，进展是很快的。我们从飞机的童年说起，也就是本世纪的初年说起。

我们都知道，飞机所以能飞是靠翅膀，有翅膀才有升力，才能抵消重力而使飞机离地飞起。所以如果 L 是升力而 W 是飞机的重量，那么

$$L = W \tag{1.1}$$

但是我们仔细想一想，这个升力是怎么来的？升力是由空气作用在翅膀上的压力得来的，也就是空气托着翅膀而不使翅膀被重力所拉下来。这也就是说，空气有一股力作用到飞机上，这股力是垂直向上的。那么依照牛顿作用和反作用的关系，我们也就知道飞机的翅膀也必定在压空气，使空气流向下方。现在我们就要 55 一股产生向下气流所需

　　钱学森的这个培训班为学员奠定了日后深入研究的理论基础；他毫不藏私、倾囊以授的热忱和深入浅出的讲解给当时的学员们留下了深刻印象。正是由于具备这种共享知识、大力协作的精神，导弹研究的人才队伍才能迅速成长起来，最终创造奇迹。

"成功了，功劳是大家的；
失败了，责任由我来承担"

　　钱学森在工作中重视协同合作，虚心听取他人意见。他经常培养和提携年轻人，鼓励他们创新。

　　20 世纪 60 年代，当时国防部第五研究院年轻技术人员赵少奎回忆说，"东风二号"导弹试射失败后，五院成立导弹姿态控制系统研制攻关组，钱学森每周都挤出 1～2 天时间与年轻人一起讨论，几乎是手把手地把他在美国从事技术研究、系统设计的经验和工程控制理论、方法毫无保留地传授给年轻的技术人员。

　　在组建中国空间技术研究院时，钱学森着眼于科学事业的未来，大胆启用和培养年轻人。最年轻的两弹一星元勋孙家栋回忆说，"他超出人们的习惯范围，给我们这些人从技术攻关、总体建设等各个方面进行加码，凭着当时的那么一股子冲天的干劲，使我们在挑大梁的过程中有了实践的机会。……钱老根据聂帅在研制导弹时强调的'凡是科学技术上的事，只能由科技人员定，其他人不能干预'的意见，向技术人员提出在技术问题上要勇于承担责任，要敢于明确发表自己的见解。当时钱老的工作非常繁重，但为了充分发挥技术民主，他在很长一段时间里坚持每个星期都要找出时间和我们研究重大技术问题。在讨论中只要意见一致他便果断决策确定。意见不一致又不是非常急办的，留待下星期的会议讨论；如果是急办的，则由他根据讨论情况提出解决办法。……当时中国正处于国外的严密封锁时期，研制人造卫星比研制导弹所遇到的问题更多，既无经验又无资料，还缺少必要的试验设备，唯一的出路是走自力更生、独立研制的道路。钱老对我担任中国第一颗人造卫星总体技术负责人给予了极大的信任和支持，让我受益无穷。为了充分发挥技术人员的才智，他总是与我们共同探讨重大技术问题，并且诚恳地说：'你们提的建议如果成功了，功劳是大家的；失败了，责任由我来承担。'这番话，让我丢掉了许多顾虑。干航天几十年，每当遇到重大问题时就会想到钱老勇于负责、善于听取群众意见的工作作风。"

孙家栋写道："钱老非常谦虚，即使对学生也是这样。在我80岁时，钱老给我写了一封信。在这封不长的信里，钱老在7处用'您'来称呼我，这让我感慨不已。……于是我每天告诉自己，从点滴要求自己，要让老师为自己骄傲。"

2004 年 12 月 10 日，孙家栋看望钱学森。

钱学森谦虚谨慎的态度和敢于担责、重视技术民主的工作方式使他周围的人团结成一个牢不可破的集体，充分激发了所有人的工作积极性。

"导弹卫星工作是千百万人大力协同才搞得出来"

1992 年 10 月 12 日，当时在农业部畜牧兽医司任职的李毓堂给钱学森写信，请他审阅自己的文稿。10 月 19 日，钱学森认真写了 3 页回信。

回信中谈到的第一个问题就是李毓堂在文稿中称他为"导弹之父"的事。钱学森严肃地写道："称我为'导弹之父'是不科学的。因为导弹卫星工作是'大科学'，是千百万人大力协同才搞得出来，只算科技负责人就有几百，哪有什么'之父'？如一定要找'之父'，那只有党和国家的决策领导人，周恩来和聂荣臻了。所以'导弹之父'是不科学的，不能用。"

诚如钱学森自己所说，导弹卫星工作是许多人大力协作的成果。实际上，中国航天从决策到落实，再到具体执行，经过了党中央决策、周恩来和聂荣臻组织协调以及王秉璋、钱学森等领导同志具体落实推进三个过程，形成了自上而下的三级联动体制。这个体制的第一个层次是党中央的领导和决策，中间层次是周恩来总理和聂荣臻副总理统筹协调、组织落实，第三个层次是钱学森、王秉璋等五院领导同志的具

100026

本市农业馆南里11号国家农业部畜牧兽医司

李毓堂同志：

　　10月12日信及附件收到，这份文稿有以下几个问题，看来需要重新写。

(一)把我称为"导弹之父"是不科学的。因为导弹卫星工作是"大科学"，是千百万人大力协同才搞得出来，只靠科技负责人能有几位，哪有什么"之父"？要一定找"之父"，那只有党和国家的决策领导人，周恩来和聂荣臻了。所以"导弹之父"是不科学的，不能用。因此我在文稿上改了字，供参考。

(二)文稿更大的问题是党的十四大刚开过，不在文中贯彻十四大精神是不对的。文稿46页第一段讲到用30周年，文字不妥了，应改正。

(三)文稿语调有点太low。近读《国内动态清样》1992年10月1日第2327期，记者说：我国有60亿亩草原和草地，可开发利用的

1992 年 10 月 19 日，钱学森致李毓堂的信。

体推进和全面实践。通过这样自上而下的三级联动使中央的决策部署得以顺利贯彻执行并很快落实到位，也使中央很快解决发展导弹、火箭过程中遇到的各种问题，实现了良性互动。钱学森十分推许这个机制，经常呼吁大家学习这一宝贵经验。他在 1992 年 9 月 23 日致陈春旺的信中写道："我们有成功的经验，那就是您熟悉的'两弹一星'工作，在周恩来同志直接领导下，聂荣臻同志辅助周总理，用'高度的革命觉悟，高度的组织纪律性、高度的科学性'把上万科技大军组织成为'大兵团作战'的团结坚强队伍。这一宝贵经验一定要宣传，使之深入人心。"

"搞不好团结，我们要负责"

钱学森是创立空气动力中心的总负责人。从 1967 年 7 月中国空气动力研究院筹备组成立，到 1978 年 5 月到气动中心检查工作的 11 年间，他多次就气动中心的发展方向问题发表讲话。他特别指出："要团结全国气动力工作力量。""要团结 701（所），沈阳还有 626（所），哈尔滨还有 627（所），还有高等学校，北大、清华、力学所，各型号研制单位。要考虑跟人家有什么矛盾，我们有一份责任，搞不好团结，我们要负责。"

团结不同领域内的科研力量是钱学森的特长。不宁唯是，他在与他人的学术通信中也多次谈及团结合作的问题。在 1985 年致杨春鼎的信中他说："我们的思维科学遇到一点困难，怎么解决？求同存异；然后开筹备组的会，大家团结共事！您看这样对不对？"在给高建国的信中他说："金立兆同志已于四月二十四日来谈过，我们都认为在地球表层学（或地理面学）、数量地理学的开拓性研究，因为要综合自然科学和社会科学，还要引用系统科学、行为科学，必须团结各方工作者才行。

1986 年 7 月 5 日，钱学森致戴汝为的信。

○……注文 CSLI, The Center for the Study of Language and Information, 一般译为"语言信息研究中心"，由美国斯坦福大学（Stanford University）的研究人员于 1983 年创立。

只有通才也不行；团结成为一个高功能的集体，就有了极高水平的'大通才'了。"给戴汝为的信中他说："形象思维理论怎么搞？……您们要联合北京师范大学的汪培庄，北京地区的同志一定要联合。叫'横向联合'吧。务请不要以北京大学和自动化所为界。一要团结，二要以马克思主义哲学为指导，这样我们才能在这一尖端科学技术项目上出头露面于世界舞台！"

对于与学术界联系不够广泛的学者，钱学森还会主动向他们推荐可以合作的对象。例如他在 1986 年致王明昶的信中说："这（知识密集型草产业）是一项多种专业协同共事才能办成的，所以一定要团结各方力量；如内蒙古畜牧科学院的苗永庆同志您知道吗？他说他们要办'内蒙古草原草业新技术开发中心'。"同年 6 月他致王明昶的信中再次提道："中国系统工程学会及其下面的专业委员会都是全国性的，不是地区性的，宜团结全国力量组成。您和任继周同志商量过吗？中国系统工程学会的秘书长是中国科学院系统科学研究所（北京海淀区中关村）顾基发同志，组织事宜可直接与他联系。"

钱学森由学术通信建立起来的人际关系如同一张大网，将各学科领域中的科研工作者联系在一起。其中很多学者是经由钱学森介绍才建立了学术联系，进而合作，共同开展研究工作。

科学技术研究是集体工作

　　说起科研工作，一般人也许会联想到埋头钻研的科学家、忙碌的实验室，却鲜少想到集体合作。然而钱学森却强调现代科学技术研究、实验工作不应该是个人活动，甚至也不是小团体、小规模的活动，而应该大规模协作。从现在的科研现状和趋势看，这无疑是超前、眼光长远的。

　　钱学森认为，现代科学技术研究的对象本身就不是孤立存在的一个个单独事物、现象，而是研究事物和现象的发展过程，研究事物相互之间的联系。这使得现代科学技术变成了一个严密的综合体系，从事科学研究是一项系统工程。这个特点也决定了从事现代科学技术研究的人员不能各自为战，而是要相互合作，协同前进。

　　回顾科学技术现代化的肇始时，钱学森说："现代科学技

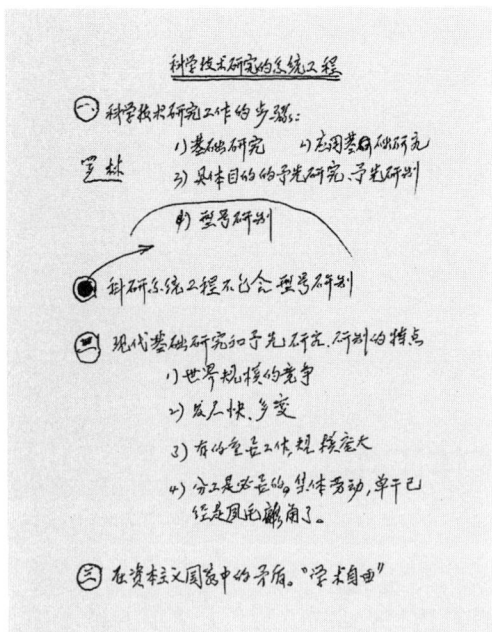

钱学森的《科学技术研究的系统工程》手稿。

术开始于 19 世纪末叶，当时出现了有组织的、规模较大的科学技术研究单位，这有内在的和外部的原因。内在原因是科学技术到这时期已经比较复杂。专业、分科很多。解决具体科学技术问题，一个行业解决不了，必须各种行业、专业在一起工作。使用的设备、仪器也复杂得多，制造和维护这些设备、仪器，需要专门力量。外部原因是当时出现的一场技术革命。毛主席说：'技术革命指历史上重大技术改革，例如用蒸汽机代替手工，后来又发明电力，现在又发明原子能之类。'当时出现的重大技术变革是电力技术。美国发明家爱迪生在 1881 年个人投资组建了世界上第一个科学技术研究所，目的是解决当时新兴的电力工业提出的各种问题。这个研究所有 100 多人，有各种专业的科学家，各种专业的工程师、技术人员、技术工人。有搞设备的，制作样机的，还有图书馆、器材部。这是现代科学技术研究单位的雏形。爱迪生名下的发明、专利非常多，实际是这 100

多人集体创造的。爱迪生的研究所所从事的工作开创了现代科学技术的时代。科学技术研究从个体劳动转变为社会化的集体劳动。"

钱学森有过主导制订航天早期规划的经验,深知在现代科研活动中协同合作的重要性。他举例说:"为了观察远离太阳系的天文现象,研究银河星系、河外星系,以至一直到距离我们 100 亿光年的天体,仅有小型的望远镜是不够的,我们需要直径为几米的望远镜,或直径为几十米以至 100 米以上的无线电望远镜。这些设备的转动部分就有几百吨以至上千吨重,有十几层楼房那么高。再如为了研究在原子核内部以及构成物质的基本粒子,也就是尺度为 10^{-14} 厘米物质的精细结构,那就需要高能粒子加速器,粒子能量达到几百亿电子伏;正在设计中的加速器粒子能量有上万亿电子伏的。"要建设这样庞大、精密、复杂的科学设备,自然需要多学科多工种的通力合作。同时在维护和使用这类设备的时候,也必须组织严密、科学地分工配合。"所有这些都说明大型实验设备的有效运用就要求扩大科学实验的组织规模,从科学发展早期的几个人到几百人,以至千人以上。而且他们是一个'多兵种'的作战队伍,不但包括几种不同特长的实验科学技术人员,而且也包括几种配合实验工作的专业技术人员,他们并不直接参加实验工作,是为研究工作服务的第二线科学技术工作者;在数量上第二线的人员往往超过直接参与实验的第一线人员。可以看得出来:围绕每一项大型实验设备要有一个拥有几百人或千人以上的专门单位，即所谓专门研究所；它的组织是严密的，它的工作必须有经过仔细推敲过的年度、季度计划。一句话，科学技术的研究工作已经从手工业转变成现代工业式的企业了。"

钱学森重视科学技术研究中协同工作的重要性，认为应根据现代化科学技术的特点，有计划地管理、组织、协调科研工作，要将眼光放长远，看到宏观的整体。"我们要……宣传科研工作的大力协同，强调科研工作的计划性和组织管理，要有比较长远的全国科技规划，要有全国协调科技工作的权力机构。所以，我们不但需要有作为的科学家，也需要有战略眼光的、有才干的组织家，二者缺一不可。我们要培养造就一大批自然科学家和工程师，我们还要培养造就一大批科学技术工作的组织家。"

团结协作与综合集成方法

　　钱学森于 20 世纪 80 年代末 90 年代初开创性地提出了"综合集成方法"这种新的研究方法。

　　定性定量相结合的综合集成方法，就其实质而言，是将专家群体（各种有关的专家）、数据和各种信息与计算机技术有机结合起来，把各种学科的科学理论和人的经验知识结合起来。这三者本身也构成了一个系统。这个方法的成功应用，就在于发挥这个系统的整体优势和综合优势。它的最终实践形式就是一个集专家、数据（或信息、知识）、计算机三者于一体的巨型智能系统，被称为"从定性到定量综合集成研讨厅"体系。

　　相比起各自独立的专家、信息与知识和计算机，综合集成研讨厅体系充分发挥了三者各自的长处。它把基于经验形成的判断和猜想、无法用语言表述的灵光一闪的直觉和定量分析、计算机仿真模拟等手段相结合，使它们集成为一个系统，从而可以处理复杂巨系统问题。

例如钱学森讲述的这个案例："1979年以来，由于实行农副产品收购提价和超购加价政策，提高了农民收入，这部分钱是由国家财政补贴的。但是，当时对销售价格没有做相应调整，结果是随着农业连年丰收，超购加价部分迅速增大，给国家财政带来了沉重的负担，是财政赤字的主要根源。这样，造成了极不正常的经济状态：农业越丰收，财政补贴越多，致使国家财政收入增长速度明显低于国民收入增长速度，财政收入占国民收入的比例逐年下降。……为了解决这个问题，首先由经济学家、管理专家、系统工程专家等依据他们掌握的科学理论、经验知识和对实际问题的了解，共同对上述系统经济机制（运行机制和管理机制）进行讨论和研究，明确问题的症结所在。对解决问题的途径和方法作出定性判断（经验性假设），并用系统思想和观点把上述问题纳入系统框架，界定系统边界，明确哪些是状态变量、环境变量、控制变量（政策变量）和输出变量（观测变量）。这步对确定系统建模思想、模型要求和功能具有重要意义。……经过系统建模、系统分析、系统优化等步骤，获得的定量结果，由经济学家、管理专家、系统工程专家共同再分析、讨论和判断。这里包括理性的、感性的、科学的、经验的知识的相互补充。其结果可能是可信的，也可能是不可信的。在后一种情况下，还要修正模型和调整参数，重复上述工作。这样的重复可能有许多次，直到各方面专家都认为这些结果是可信的，再作出结论和政策建议。这时，既有定性描述，又有数量根据，已不再是先验的判断和猜想，而是有足够科学根据的结论。"

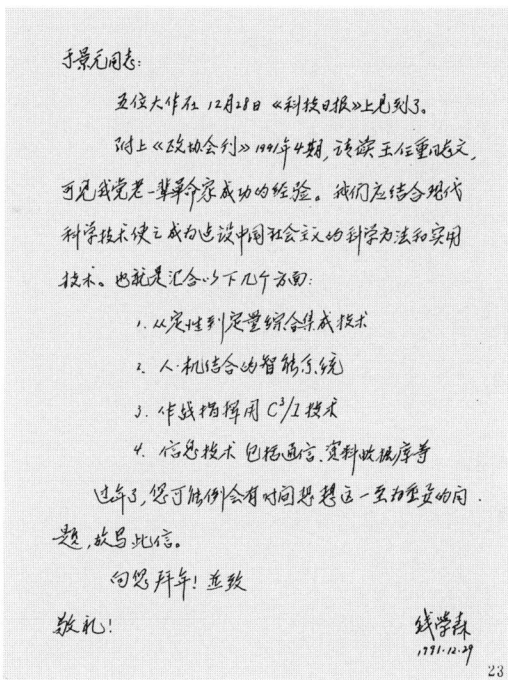

于景元同志：

　　五位大作在 12月28日《科技日报》上见到了。

　　附上《政协会刊》1991年4期，该读王任重此文，可见我党老一辈革命家成功的经验。我们应结合现代科学技术使之成为建设中国社会主义的科学方法和实用技术。也就是汇合以下几个方面：

　　1. 从定性到定量综合集成技术

　　2. 人·机结合的智能系统

　　3. 作战指挥用 C³/I 技术

　　4. 信息技术 包括通信、资料收储库等

　　以上了，您可能很有会有时间想想这一至为重要的问题，故写此信。

　　向您拜年！并致

敬礼！

钱学森
1991.12.29

23

1991 年 12 月 29 日，钱学森致于景元的信。

综合集成方法

这种对信息、技术、知识的"综合"与思想的"集成"，实际是一个大型的团体协作行为。它通过各个子系统之间的统筹与合作，最大限度发挥综合优势和整体优势。它是钱学森系统工程理论的重要组成部分。

第六章

育人篇

亲临教学一线，为人师表育人才

1956 年，中国制定了第一部《1956—1967 年科学技术发展远景规划纲要》。这个时期，新中国刚成立，亟需利用科学技术推动国内各行各业加速发展。尤其是尖端高科技行业，更需优先发展。而掌握和运用科学技术，就需要一大批这方面的人才。人才从何而来？依靠国外培养，派留学生出国，自然是一种途径，但根据当时的国情，这肯定不是人才培养的主渠道。立足自身，发挥国内已有的师资力量，达到多快好省出人才的目的，才是切实可行的做法。那时新中国成立时间不长，各行各业专业人才匮乏，捉襟见肘，若要实现国家科学技术发展远景规划，不解决人才培养问题，必将制约各项事业的发展。

钱学森一回国，就受到党中央的高度重视，他被邀请参与了这一科学技术发展远景规划的讨论和制定，并担任综合组组长。作为力学专家，钱学森深深地知道，力学在航空航天等诸多领域是一个十分重要的基础学科，没有力学理论的支撑，航空航天的工程就难以实施，更别谈成功。钱学森在当时一大批回国专家中，是这一领域声名显赫的专家。根据国家发展大计，高教部和中科院当时对开设力学班，培养力学方面的人才也是十分重视，那几年先后在清华大学办了三期力学研究班，总共招收学员 100 多人。而钱学森则是清华大学力学研究班的主要负责人。为了将力学研究班办好，早出快出优秀人才，钱学森对邀请哪些教师授课，课程怎么安排，授课内容有什么，都认真策划、精心部署。他强调，一定要挑选一些水平高的、有经验的老师给学生们上课，并和郭永怀一起提出上课老师的名单。这些老师都是当时国内顶尖的教授或科学家。作为力学班的负责人和策划者，钱学森当仁不让，主动担任了水动力学的授课老师。

为人师表，精心育人。这个时期的钱学森转换了角色，亲临教学一线，将大量精力投入到了备课教书中。据当时力学班学员、著名力学家何友声院士回忆：

      钱学森亲自带教我们这个班，他一个月开一次会，跟大家讨论课怎么上，学生有什么要求和问题，如何解决，等等，可谓倾情投入，身体力行。正因为这段时间钱学森把他的主要精力都放在了办好力学班上，就不可能分心思考和写论文了。因此在一次讨论休息时，我问钱先生：您在国外发表了那么多非常有影响的文章，为什么回来以后就不发表了呢？这让我们感到挺可惜的。只见钱学森笑着说：我不这样认为。现在我忙着办这个班，并还要为讲课做准备，自然做研究、写文章的时间就没有了。这看上去是做了牺牲，但我教出来的120多个学生，如果他们将来都能发表重要文章，那么120多个人发表的文章跟我一个人发表的文章相比，孰重孰轻？

　　钱学森的一番肺腑之言，让何友声和其他同学都十分感动。确实，钱学森把为国家培养人才放在了第一位，把个人的事搁在了一边，如此博大的爱心和奉献精神，令人感佩。

　　在教学中，钱学森还特别注重学员科研实践和动手能力的培养，培养他们的创新精神。如在中国科学技术大学期间，钱学森积极鼓励学员们结合自己的专业研究制作探空火箭，并经常给予他们具体指导。正是在钱学森的关心支持下，中国科学技术大学的探空火箭后来在探测大气、人工降雨等领域取得了一定成果。起初，当同学们在探空火箭研制方面取得成功后，不少同学力主搞射程更高和运载能力更大的大火箭。钱学森对此给予积极引导，他指出，搞大火箭要动用国家资源和力量，同学们还肩负着繁重的课业学习任务。他建议大家从实际出发，重点将现有研究成果服务于国民经济建设，并提出和中科

1958 年，钱学森在中国科学技术大学给同学们上课。

院地球物理所的人工控制天气研究室以及中国气象局合作，将探空火箭用于人工降雨和增雨，或用于消除冰雹，为农业生产和人工控制天气服务。正是在钱学森的启发引导下，同学们的小火箭后来发展为人工降雨火箭。后来他们把人工降雨火箭的设计图纸、加工图纸、生产流程、发射试验方法等全部资料，以及原材料、成品和半成品都转给了中国气象局，由他们进一步完善和推广。通过中国气象局的运作，小火箭在内蒙古、吉林、江西、云南等地开展相当规模的人工降雨活动并达到预期效果。

在国防部第五研究院成立之初，导弹方面的人才奇缺。为此，聂荣臻元帅曾指示钱学森在百忙之中要抽出一定时间，给刚加入航天队伍的大学生和设计师，以及室主任等上上课，加强航天专业知识的培训，让他们在较短的时间内掌握航天知识和工程技术，加快推进事业的发展。对此，钱学森遵照聂帅的指示精神，夙夜在公，集中一段时间潜心备课。其间，他根据不同的专业和不同的授课对象，就宇航原理和工程实践，撰写了以《导弹概论》为代表的培训教材。同时抽出大量宝贵的时间，为那些刚刚踏上航天岗位、初入航天门槛的年轻人进行深入浅出的专业培训，并具体指导他们的专业工作。

钱学森在讲课中直言，"苏联能搞导弹火箭，我们为什么不能干？"以此来鼓励大家克服畏难情绪，树立干成事业的必胜信念。他还对大家说，搞科研就是要搞最尖端、最难的。他强调，不论做事还是做学问，不应迷信权威，要有质疑精神，要有自己的判断。尤其在学术问题上，要坚持自己的观点。

其间，他并不因肩负"两弹一星"和航天工程重任、工作繁忙而放松对教学工作的投入，而是精心制定办学方针、教学计划、教学内容等，亲临教学第一线为学生们授课，工作做得非常深入细致。

慧眼识才，力荐新人挑事业大梁

  钱学森就像一位"伯乐"，他不仅能够慧眼识才，而且积极举荐新人担当重任。在这方面，中国载人航天工程原总设计师王永志可称得上是一位典型人物。王永志在当年一次导弹飞行试验中的突出表现，给钱学森留下了深刻印象。

  王永志1952年考入清华大学航空系，后赴苏联留学，归国后进入国防部第五研究院工作。1964年6月，王永志在基地参加了"东风"地地导弹的第二次飞行试验。导弹发射前计算弹道时，发现射程不够，于是大家一致考虑应该给导弹多加点燃料，以增加推力。但导弹储箱的容积就那么大，肯定不能多装。正当大家为之发愁的时候，当时只有32岁的王永志初生牛犊不怕虎，敢想敢说。他提出了一个和专家们截然相反的大胆建议：泄出600千克燃料，以减轻导弹自身重量，这样可增大射程。

　　许多专家都觉得王永志的这个方案不靠谱，没有理睬他。于是王永志鼓足勇气找到钱学森，把这一别出心裁的设想直接向钱学森反映。钱学森边听边计算，计算的结果使得钱学森认为王永志说得有道理。于是钱学森便对该导弹总设计师说："这个年轻人的想法有科学根据，就按他的意见办！"

　　最后，导弹连打三发，都成功了，验证了王永志建议和钱学森判断的正确性。为此，钱学森赞扬王永志的"逆向思维与别人的不一样，有自己的独立思考和科学的计算方法"，并给予了高度肯定。

王永志

因为这件事，王永志给钱学森留下深刻印象，并与钱老建立了非常深厚的友谊。之后王永志担任了运载火箭总体单位一院的院长，他的创新思想经常得到钱学森的鼎力支持，其工作成绩也得到钱学森的赞许。后来，由于钱学森的举荐，王永志在 1986 年担任了"863 计划"载人航天工程研究组组长。1992 年，在中国载人航天工程上马之际，钱学森极力推荐王永志担任总设计师。于是，中央军委正式任命王永志为中国载人航天工程总设计师。而王永志没有辜负钱学森的殷切期望，在他担任 921 工程总设计师期间，不辱使命，最后成功地将中国第一位航天员杨利伟送入太空，终于实现了中华民族千百年来的飞天梦想。

对于推荐和力挺孙家栋担任中国第一颗人造地球卫星"东方红 1 号"研制的总设计师，钱学森同样是"慧眼伯乐"。

1958 年，孙家栋毕业于苏联茹科夫斯基空军工程学院，并获得了斯大林金质奖章。孙家栋回国后一来到"老五院"，就投入到"东风"地地导弹研制中，并一直跟随钱学森打拼在导弹研制发射第一线。1960 年 3 月，孙家栋被任命为老五院一分院第一设计部总体设计室主任。1964 年，孙家栋又被任命为导弹总体设计部副主任。孙家栋在仿制 1059 导弹、中近程导弹改型设计和我国独立设计的中程地地导弹工作中，显示了他出色的聪明才智和优秀的组织能力，同时也引起了钱学森对他的关注。

发射"东方红一号"卫星是当时的国家级重要任务，党中央、毛主席高度重视。1968 年 2 月，中央根据钱学森的建议，

孙家栋

决定整合各方面资源，成立以研制人造卫星和宇宙飞船为主的中国人民解放军第五研究院（也称"新五院"，后来更名为七机部第五研究院、中国空间技术研究院），并要求在两年时间里把中国第一颗人造卫星送上天。面对这一非常艰巨、时间又很紧迫的任务，钱学森意识到，卫星总体是龙头，关键在于选人用人。研制发射卫星，首当其冲的就是要建立卫星总体设计部，以便加速卫星工程的实施。而总体设计部作为重大工程研制的参谋部，是钱学森系统工程思想的核心内容。因此，钱学森认为，总体部的人知识面要广，既要懂工程上的问题，又要有较强的工程实践经验，还要有比较广博的科技知识。而由谁来担任卫星总体设计部的领导，钱学森想到的第一人选就是孙家栋。

据孙家栋回忆，那是 1967 年的一个夏天，孙家栋正汗流

187

浃背地在画导弹设计图。突然，一位自称是国防科委参谋汪永肃的同志来到他的办公室，向他宣布说：组织上派我来向你传达上级指示，国家将开展人造卫星方面的研制工作，中央已确定组建空间技术研究院，由钱学森任院长，专门负责人造卫星和宇宙飞船方面的研究工作。钱学森向聂荣臻元帅推荐了你，根据聂老总的指示，上级决定调你去负责我国第一颗人造卫星的总体设计方面的工作。

就这样，年仅 38 岁的孙家栋一下子从搞导弹的转入到十分陌生的卫星研制领域。但孙家栋很快转换并进入角色，他从国家的卫星任务需求出发，考虑不同专业类型和技术特长，又选定 18 人充实到卫星总体设计部。这 18 人后来被称为"十八勇士"。在钱学森的支持下，通过孙家栋的整体策划，总体设计部的组织管理机构很快建立，卫星研制工作迅速进入正轨。经过科技人员的奋力拼搏，在短短两年时间内，他们将概念性的卫星从理论变为现实，从概念研究变为工程实施。1970 年 4 月 24 日，我国第一颗人造卫星"东方红一号"在酒泉基地发射成功。

这是一个"两弹一星"伟大工程中具有划时代意义的日子。这一天，后来被国家定为"中国航天日"。

而在航天大军中，被钱学森发现并栽培的，岂止王永志、孙家栋。当年，正是通过钱学森的悉心教育和培养，航天领域一大批年轻人迅速成长起来，成为航天型号研制的重要技术骨干或领军人物。

甘为人梯，扶持无名之辈成才

钱学森作为著名科学家与山西科技新秀张沁文的合作过程，堪称甘为人梯的典范。

1957 年，张沁文受冤被戴上了一顶"右派"的帽子，从南京林学院毕业后，来到塞上高原的右玉县接受"改造"。尽管政治偏见者把这个优秀的人才弃之于荒野，但他却像一颗顽强的种子破土而出。从 1957 年到 1962 年，张沁文做了大量的"物候"观察与记载，写成了《右玉县自然地理》一书。而在"文革"前，他已经在全国性的报纸杂志上发表了 7 篇论文和调查报告。1978 年冬，他在研究农业发展客观程序的基础上写成《农业系统·农事学》书稿，于 1979 年 3 月 1 日以书信形式寄给自己所景仰的大科学家钱学森，以求得指导。5 月12 日，钱学森给张沁文写了一篇热情洋溢的亲笔信，肯定了他研究农业系统工程的基本思想，指出了深入探讨的途径和修改意见。从此，这两位素不相识的"同道"结下了不解之缘，经常通过书信方式交流观点，研究学问。而正是由于钱学森的重视和推荐，张沁文被调回省农业区划办公室专门从事农业方面的研究工作。

1980 年 3 月 9 日，钱学森路过太原，专门抽出宝贵的时间会见张沁文，商量同他合作的事宜，即为中国科协和中央电视台举办的系统工程科普及讲座写《农业系统工程》的讲稿，并从观点的阐述、材料的选择到文章的层次结构进行了认真研究。大家知道，钱学森这时已经担任国防科委副主任，身居要

1980 年 3 月 9 日，钱学森在太原迎泽宾馆和张沁文会谈农业系统工程。

职，非常繁忙，时间对他来说是很宝贵的。但这天，钱学森在太原逗留的时间包括用餐在内共 3 个小时，而和张沁文的谈话就占去了 1 小时 45 分钟。

根据钱学森的安排和嘱托，张沁文日夜兼程，很快便拿出了这一讲座的初稿。钱学森看了以后，又提出了自己的一些看法，并通过书信方式与张沁文进行沟通。《农业系统工程》定稿后，就署名问题，张沁文多次提出要将钱学森的名字放在前面，但钱学森坚决不同意。他在给张沁文的信中说，你的名字还是放在前面，就算是以姓氏笔画为序，也应该你放在前面。当然还有以下的理由：一是发明创作权主要在你；二是我对我国现在流行于科学技术界的"老头子制"颇为反感，用这个机会表示一下，也是抗议这一不合理的东西。三是以你我年龄来论，你应居第一线，而我不能当农业系统工程的主力了。我希望你迅速前进。……我将尽力相助。另封寄上我收集的一些关于农业科学方面内容的报刊，供你参阅。

同年 6 月，张沁文赴天津讲学。钱学森又约他返晋路过北京时再次面谈。这次在钱学森的办公室畅谈，实际上是一位科学前辈和一位后来者举行的一次交接仪式：钱学森将自己从 20 世纪 50 年代开始收集的有关农业科学的 57 份报刊资料全部寄给张沁文之后，又把自己收藏的 43 册农业科学书籍赠送给他，期望他刻苦攻读，潜心探索，并勉励他："写出农业系统工程、农事学两部专著。"

1980 年 10 月，经钱学森的推荐，张沁文在中央电视台播讲了《农业系统工程》讲座。而中央电视台原计划是安排钱学森来播讲的，但钱学森几次写信要张沁文播讲。钱学森在信中写道："《农业系统工程》一讲，还是由你来讲，我已告诉电视台的同志了。我是有意赶你上架，让你锻炼讲解的本领。有科学成就的人，其素养之一，就是讲解有吸引力。"

爱才如渴，托起明天的太阳

　　青年是祖国的未来，是民族的希望。作为蜚声中外的大科学家钱学森，他不仅为国家和民族的大业殚精竭虑、呕心沥血，而且十分关心青年人的发展和培养，并身体力行，亲力亲为。

　　1990 年，钱学森在他的一篇文章中讲道："当今世界科技竞争最激烈的是人才的竞争，一个国家现代化诸因素中最重要的是人才因素。我国的科技工作者，尤其是中年以上的科技工作者，都有两项基本任务，一是创造性地完成本岗位上的科技任务，二是尽最大的努力培养人才。要重视学科和技术带头人的培养和保护。对于任务过重的同志要适当调整其工作量，更好地发挥年轻一代的作用。对于立志报国、有才华的青年科技工作者，要打破论资排辈的思想，大胆使用他们，对他们赋予重任，鼓励他们不畏艰险，在国家最需要的岗位上锻炼成长。当今青年科技工作者要不负历史和民族的重托，刻苦学习，孜孜以求，为中华民族的科技腾飞，在世纪更替的伟大时代贡献智慧和青春。"

这既是钱学森对青年科技工作者的殷切期望，同时也是钱学森领导我国国防科技事业的经验总结。众所周知，早年钱学森在航天领域担任技术统帅时，就慧眼发现了孙家栋和王永志两位年轻的航天俊才，并通过钱学森的大力推荐，使得孙家栋担任了我国第一颗人造卫星的技术总负责人。王永志担任了我国刚刚起步的运载火箭领域的技术负责人。

而钱学森以他更宽阔的胸怀和更深远的眼光，在培养和提携年轻人上，给予更多的关注和关怀。中国工程院院士、人工智能专家汪成为回忆钱学森在信息领域对他的指导时说："其实，钱老对我的指导和帮助，只是他对我们整个中青年一代的关心和指导的一个实例而已。可惜的是，由于我受各方面条件的限制，在许多方面离钱老的要求相差甚远。但每每想起钱老对我的悉心关爱，一次次感受钱老那深邃睿智的眼神、尖锐鲜明的论点、一丝不苟的手稿、提携后人的热忱，以及他对我们潜移默化的引导和影响，可谓用心良苦，让人永远难以忘怀。"

钱学森不只关心自己身边的工作人员、周围的优秀青年，而是对所有的青年朋友有求必应，悉心指导。汪志是一位四川籍科学小说家。20 世纪 80 年代初的一天，汪志从报纸上看到一篇钱学森撰写的倡导科学普及的文章，深受启发，于是他鼓起勇气给钱学森写了一封信，并随信寄去他的著作《科学小说浅谈》。钱学森很快给他回信，并提出了许多宝贵意见。汪志说，当时我简直不敢相信，像钱学森这样著名的科学家，居然会给我一个普通青年回信，使我受到极大鼓舞。

多年来，为了培养接班人，推进国防现代化，钱学森多次亲临国防高校，深入到学生中间，了解他们的学习和生活，鼓励他们献身科学，踏实工作，为振兴祖国的科技事业和经济繁荣做出自己的贡献。北京航空航天学院党委宣传部刘俊德、黄敏同志在《国务院、中央军委授予钱学森"国家杰出贡献奖"

1978 年，钱学森到国防科学技术大学视察期间接见学校科研人员。

和"一级英模"称号在北京航空航天大学引起强烈反响》一文中写道："钱老把航空航天学院的建设和发展看成是国家航空航天事业腾飞的关键，对我校的建设与发展尤为重视，多次亲临我校了解情况，指导工作。他在接见大学生或与航空夏令营少先队员们交谈时，对年轻一代给予殷切期望。他还经常深入国防高校，就学生们关心的问题回答提问。"

1981 年 4 月 1 日，钱学森在会见国防科技大学校报记者时说："现在国防尖端技术发展很快，为了适应日益发展的科学技术，学生们必须打下深厚扎实的理论基础，所以学校要强调加强基础，但不能因此丢了'工'。因为搞工程技术是我们最后的目的，明确这一点很重要。校刊要引导大家关心、思考实际问题，思考能抓得住摸得着的问题，思考实践中遇到的科学技术问题。不要引导大学生去搞空洞的纯理论研究。总之不能脱离实际，要把大家的注意力引导到实际学习和工作中碰到的国防尖端技术新问题上来。"

钱学森在担任中国科协主席期间，他一直强调，科协是科技工作者的群众性团体，也是我们党联系科技工作者的纽带和桥梁。为了更好地发挥政策决策的咨询和助手作用，作为"科技工作者之家"的科协，必须体现集体温暖，关心青年科技人才的培养和选拔工作，使其成为科协发挥持久动力的重要举措。钱学森还十分重视人才培养，以及创建脱颖而出的人才机制，认为在这方面应充分发挥中国科协的作用。他在纪念中国科协成立 30 周年大会上指出："我们应当大力促进科技人才的成长。当代世界的经济竞争、科技竞争,最终将集中在人才竞争上,而希望在青年身上。面向 21 世纪的人才培养,必须从青少年抓起。我们要支持和协同教育部门大力开展青少年科技活动,使科技人才幼苗不断涌现。我们要促进社会各方面更加尊重知识、尊重人才,更加重视人才的教育和培养工作,为形成我国结构合理、学科配套、人数众多的科技队伍的长远建设倾注力量。"

在中国科协任职的十多年间,钱学森高度重视科协对青年科技工作者的培养和提拔,以及奖励等各方面的工作。为了鼓励更多的青年朋友热爱科学、献身科技,作为中国科协主席的钱学森十分重视发挥科协的科技普及阵地作用。正是在钱学森的热心倡导下,1987 年,中国光学会与《科技日报》联合举办了第一届全国中学生光学知识竞赛,参加的学生达 7 万多人,参赛积极性十分高涨。在第一次活动的基础上,中国光学会于 1992 年 2 月又成功举办了第二届全国中学生光学知识竞赛。通过这样的活动,一方面激发了广大青少年对科技人才、对光学的浓厚兴趣,另一方面在国际光学界引起了强烈反响。为了鼓励青年科技工作者奋发进取,促进青年科技人才的健康成长,1987 年在钱学森的大力倡导下,中国科协专门设立了"中国科协青年科技奖",以表彰那些在自然科学等领域为国家做出突出贡献、年龄在 40 岁以下的青年科技工作者。1994 年,经中组部、人事部、中国科协研究决定,将"中国科协青年科技奖"改为"中国青年科技奖",并表彰了八届,共有

789 名青年科技工作者获奖。这些获奖青年科技工作者全部是在我国社会主义建设中做出杰出贡献的科技人才。这些人员中，有 17 位当选为中国科学院院士和中国工程院院士，有 30 位担任了大学校长，有 40 多位获奖者被聘为"长江学者特聘教授"。如今，中国青年科技奖已成为激励青年人创新和促进成果转化的激励体系和奖励体系。第一届中国青年科技奖获得者、在热爆炸及其理论研究方面做出突出贡献，并出版国内第一本该领域专著的冯长根，在回忆获得中国青年科技奖时说："我获奖是在 1988 年，在获奖证书上签字的是时任中国科协主席钱学森院士。当我拿到证书时，看到钱老的手迹，感慨万千，心中不由涌起一股暖流。那时我已经在北京理工大学工作，一位青年教师能够得到各级评奖委员会专家们的一致肯定，并得到像钱学森这样大科学家的关怀，真是很幸福的。"

关怀备至，情系青年学者成长

    作为大科学家，钱学森日理万机，宵衣旰食，有很多的大事、要事等着他去思考，去组织落实。然而，有着提携后学、忧民情怀的他，十多年来一直与淮南师专一位叫杨春鼎的青年教师保持通信，在信中交流和探讨有关思维科学方面的学术问题，同时还关心他的个人问题，帮助他解决家庭困难，以利于他有更加充沛的精力投入教学活动和学术研究中去。而钱学森与杨春鼎之间十多年的通信，不仅在淮南师专，而且在安徽省文教界，都传为美谈。许多人不禁感到奇怪，钱学森与杨春鼎非亲非故，且年龄也相差 30 多岁，从事的专业更毫不相关，一个是在导弹控制论研究等方面赢得世界声誉的自然科学家，一个是从事美学、文学理论教学与研究的普通中文系教师，他们之间为什么会有十多年的书信往来与学术交流呢？而通过两人通信的感情纽带，凸显了钱学森关心和情系青年学者的博大情怀。

1981年春天，青年教师杨春鼎偶然从《解放日报》第一版上看到一篇报道，报道中说，上海《自然杂志》1981年第1期发表了钱学森的长篇学术论文《系统科学、思维科学与人体科学》。杨春鼎从报纸上的摘要介绍中了解到，这是一篇重要文章。于是，杨春鼎很快到街上书店里去买了这期《自然杂志》，并一口气把文章读了几遍。钱学森在文章中指出："在自然科学、数学科学和社会科学这三大部门之外，现在似乎应该考虑三个新的正在形成的大部门：系统科学、思维科学和人体科学。"而让杨春鼎特别感兴趣的是，其中关于思维科学的论述。钱学森认为思维科学研究是第五代计算机技术革命的理论基础，并提出了创立形象思维学和灵感学的一些设想。

杨春鼎读后深受启发，兴奋异常。当时文艺界正在进行有关形象思维的讨论，于是，颇爱思考且对思维科学非常感兴趣的杨春鼎动笔写了一篇题为《形象思维新论》的长篇论文，作为配合自己任课的《文学概论》教学的辅导材料，发给学生们作为参考，与此同时，他又寄了一本油印稿给钱学森，就一些个人观点和理解向钱学森请教。说真的，邮寄时他对钱学森是否会读这本油印稿并不抱有希望，也没有让钱学森复函的想法。

油印稿寄出后，杨春鼎因忙于各类琐事，很快就把此事忘在了脑后。1981年4月下旬的一天上午，他却意外收到一

1984 年，钱学森与杨春鼎亲切交谈。

封寄自北京国防科委的信。拆开一看，杨春鼎激动得连手都发抖了，拿着信，一路小跑着回家，兴奋地逢人便说："钱学森同志给我来信了！钱学森同志给我来信了！"钱老的回信，是用洁白的普通道林纸写的，字迹十分工整，每一句话都经过深思和推敲，体现了老一辈科学家十分严谨、一丝不苟的治学态度，以及虚怀若谷、爱护后辈的高尚美德。钱学森在复信中，对杨春鼎的油印论文稿给予充分肯定的同时，提出了四点具体意见，并热情鼓励他继续努力，争取多出研究成果。

从那时起，杨春鼎每每写成关于思维科学方面的论文或论著，都要寄给钱学森，请他指正。而钱学森总是及时给他回信，给予鼓励。就这样 13 年来，钱学森亲笔给他的回信总共有 50 多封。杨春鼎把这些来信装订了两厚册，一直当作珍贵的精神财富保存着。此外，钱学森还寄赠给他各种书刊资料 10 多本。而钱学森自己写的关于思维科学方面的论文，在公开发表前也常常寄来，向杨春鼎等几个青年学者征求意见。只见在论文标题上方，钱学森总是十分谦虚地写上一行字："请杨春鼎同志指正。"对此，杨春鼎受宠若惊地说："钱老是一个有世界声望的大科学家，而在 80 年代初我才 30 多岁，连讲师也不是，是一个很不起眼的小人物。可钱老对我这样的小人物却这样关心、爱护和尊重。来自千里之外的真诚关怀让我无比感动。"

而令杨春鼎终生难忘的是，钱学森不仅在学术上对他悉心指导，还主动在生活上为他排忧解难。

杨春鼎是江苏扬州市人，1966 年从南京大学中文系毕业后，被分配到北京全国文联工作。但工作时间不长，却遇到了"文革"爆发，文联随即被"砸烂"，他同许多"臭老九"一起遭遇遣散下放。后经辗转，杨春鼎来到淮南西部矿区八公山下的一所中学从事教学工作。30 岁那年，他同市郊的一个回乡女知青结了婚，并有了两个孩子。接着，他又于 1978 年春被调到 20 公里外的淮南师专任教。这样，妻子就无法回乡劳动了，一家 4 口仅靠杨春鼎每月 50 多元的工资开销，因而生活非常清苦。记得有几年中秋节，因囊中羞涩，他只能买点青菜、豆腐回家，这让他觉得愧对家人。但即使在如此困难的条件下，他仍然节约开支购买科研资料。而在教学之余，杨春鼎还利用一技之长帮助学校教材科刻写讲义，因为刻一张蜡纸可得到 5 角钱的报酬。那时哪怕过春节休长假，他也每天早晨 6 点钟起来刻蜡纸，一直刻写到深夜 12 点。在两年时间里，他共刻写了 1 000 多张蜡纸，得到 500 多元的报酬。而那时 500 多元可是一笔不小的收入。于是，他用其中的 30 多元钱买书，剩下的贴补家用。就这样，杨春鼎肩负着繁重的教学任务和家庭生活重担的同时来搞研究，每天都要熬到深夜。那时学校在淮南洞山，他家在 20 公里外的八公山，每天挤公共汽车到学校上课，一个来回就是 40 公里路。从 1978 年到 1981 年，他整整来回奔波了 4 年之久。

杨春鼎在 1981 年 6 月初写成近 2 万字的《形象思维与电子计算机革新的设想》这篇论文后，在给钱学森的信中情不自禁地捎带了几句家中的情况，但丝毫没有请钱学森帮助解决困难的意思。然而钱学森却把此事记在了心上。1981 年下半年，在杨春鼎一点不知情的情况下，钱学森给时任安徽省委第一书记的张劲夫写了两封信，请他帮助解决杨春鼎的家庭困难。张劲夫接到钱学森的信后，及时写了批示，由省委办公厅转发给淮南市委。淮南市委、市政府很快破例解决了杨春鼎的妻子和两个孩子的户口农转非问题。淮南师专又为他妻子安排了工作，并分给他两间住房。这一切都是在很短时间内顺利解决的。而杨春鼎却被蒙在鼓里。直到学校通知杨春鼎迁户口、搬家后，他才知道事情的原委。但对于这些，钱学森在来信中却只字未提。钱学森虽在千里之外，却默默地用一片爱心为杨春鼎解除了后顾之忧，让他从困境中解脱出来，以便有更多的时间和精力从事教学工作和课题研究。杨春鼎知道这一切后，感动得热泪盈眶。

从 1981 年春到 1984 年夏，杨春鼎与钱学森的书信往来有三年多，两人却未曾见过一面，他多么希望能见到恩师钱学森，当面向他老人家请教、致谢，并一起畅谈。见面的机会终于来到了。1984 年 7 月下旬，杨春鼎收到国防科工委办公厅寄来的一份通知。通知上说："为了联络全国思维科学研究力量，交流学术思想，促进和推动我国思维科学的发展，国防科工委将在北京召开学术讨论会。"这次会议是经过中央军委副秘书长张爱萍同志批准召开的，会址在国防科工委的远望楼宾馆。到会的代表有老一辈的科学家和各方面的学者胡世华、罗沛霖、胡奇南、李泽厚、李家治、张光鉴、田运、戴汝为、陈霖、马希文等，还有著名科普作家高士其、老兵工专家吴运铎等。接到会议通知，杨春鼎为能参加如此高规格的会议感到无比兴奋。

杨春鼎于 8 月 6 日到达北京。8 月 7 日早晨吃过早餐后，他约了哈尔滨科技大学的刘奎林和南京师范大学的黄浩森，一同守候在宾馆大门前，等待钱学森的到来。等了一会儿，忽然见一个穿军装的高个子年轻人匆匆从会议厅走来，他是钱学森的科技秘书涂元季。只见涂秘书焦急地对他们说："你们怎么还站在门口，钱老早就来了，快去同他老人家见见面。"原来钱学森每次开会，都是提前到会的，这是他多年养成的良好习惯。这次会议他照例提前半个小时到来，令杨春鼎他们十分尴尬。于是赶忙走进会议厅，在讲台旁边，只见一位前额宽大、鬓发斑白的老人正在同别人交谈。那是神交已久的钱老，杨春鼎赶紧走上前去，紧紧握住钱老的手。"你就是杨春鼎同志？老熟人了。"钱学森笑着说。"思维科学是一门年轻的科学，要靠你们年轻人来搞。这次我们要组织一个年轻的研究班子，所以请你们来。"当时杨春鼎激动得只是不住地点头，眼里噙着热泪，千言万语涌上心头，一时却说不出来。

大会上午 8 点半开始，先由钱学森作题为《开展思维科学研究》的学术报告。上午他连续讲了 3 个小时，中间没有休息过。下午他继续作报告，又连续讲了 3 个小时。钱学森的学术报告涉及宽广的科学领域，对思维科学的基本内容、研究方法、突破口和在社会发展以及技术革命这几个领域的作用，作了深刻的分析和论述，令人耳目一新。钱学森那时已经 73 岁了，还能老当益壮，连续作这么长时间的学术报告，让全体与会者感到由衷敬佩。

报告结束后，钱学森毫无倦意，把杨春鼎等几个中青年学者叫到一起，进行深入交谈。而钱老的许多观点和见解，又让大家受益匪浅，茅塞顿开。

在后几天的小组交流和讨论会上，钱学森全都参加了。在会议休息期间，钱学森又与杨春鼎进行了个别交谈。他讲到做学问的方法，讲到教学界存在的一些问题。尤其对当前学生负担太重、考试太多、教学内容和方法不当的现状很不满意。钱学森认为我国教育领域存在许多误区，对此甚感忧虑。

在首届全国思维科学讨论会上，成立了中国思维科学学会筹备组，由 16 人组成，杨春鼎被选为筹备组成员之一，钱学森担任筹备组顾问。这次会议对我国思维科学的研究和发展起了很大的推动作用。

钱学森对杨春鼎的关心还不止这些。20 世纪 80 年代，杨春鼎在校内外的教学任务很重，最多的时候，同时兼教《美学》《逻辑学》《文艺理论》《应用写作》《文学专题讲座》等 5 门课程，1 个教学班每天讲课最多时达 10 个课时，晚上回到家中他还不能休息，而是继续看书写作到深夜。而从 1981 年起，他每年除了撰写多篇论文外，还要完成一两本书稿的写作任务。特别是 1986 年至 1987 年间，杨春鼎受中国社会科学院文学研究所文艺新学科研究室的约请，撰写国内第一部《文艺思维学》的专著。全书有 30 多万字，有时一写就是一个通宵，只能睡上一两个小时，白天他仍然要到课堂上讲一整天的课。因为劳累过度，1987 年春杨春鼎得了头晕症，经常坐在那里感到天旋地转。有一次他骑自行车外出，半路上头晕病发作，一下子连人带车晕倒在路边。

钱学森得悉这一情况后，为这位青年学者的身体感到担忧，多次写信提醒他注意锻炼身体。后来杨春鼎注意劳逸结合，适当参加体育锻炼，身体状况有了好转。而他知道，报答钱老最好的方法就是拿出新的学术研究成果。从 1984 年到 1994 年间，杨春鼎刻苦学习，发奋撰文，发表了关于思维科学、美学、文艺理论等方面的论文 50 多篇。出版了《文艺思维学》、《神思的翅膀》、《创造艺术》、《思维的艺术》、《美育概论》（与章新建合著）、《思维科学导论》（与刘奎林合著）等 10 多本著作，约 300 多万字。由于教学成绩和学术成果突出，他得到大家的一致认可。十多年来，杨春鼎的职称也从讲师、副教授晋升到了教授。而杨春鼎深深懂得，如果没有钱学森等老一辈科学家的关心帮助，如果没有改革开放的大好环境，没有各级领导和许多朋友们的支持合作，他也不会取得如此骄人的成绩。也许他还在为家庭的生活发愁，还在那里为了一点微弱的报酬伏在桌上刻蜡纸。

那年元旦过后不久，钱学森又从北京来信，向他推荐《中国社会科学》1993 年第 6 期上两篇谈"意象"的文章，希望他做进一步的研究。杨春鼎在钱学森的指导和鼓励下，不停地往前走，不断探求，不断创新，用教学成绩和学术成果来证明自身的价值。

身体力行，做义不容辞的"科普人"

　　钱学森一生热爱科普、重视科普，不仅身体力行，而且鼓励身边的人或青年人努力做好科普工作。

　　早在 1932 年，钱学森作为年轻的大学生，在交通大学图书馆做完功课后，随手拿起一本报架上的《进修半月刊》杂志，上面刊登的一篇《数学"九九表"的新试验》文章吸引了他。原来里面有一段"滑稽语"，似是而非的俏皮话虽然很滑稽，但却是为了让小学生背诵时感到形象趣味，从而记住了"九九表"。这种以喜闻乐见形式来增强记忆的科普方法让钱学森受到启发。于是，他有感而发写了一篇《这是几句忍不住要说的话》的文章，发表在 1932 年第 2 卷第 12 期的《进修半月刊》上。该文明确主张将事物的规律、本质、因果关系等客观事实，通过形象而浅显的语言告诉学生，以提高学生的理解能力，启发他们的智力，从而养成他们敏锐而有条理的思维方式。这也许是钱学森最早有记录的科普文章了。

正因为喜欢和热爱科普，养成了钱学森每天早晨坚持收听中央人民广播电台的科普广播并做笔记的习惯，还经常向有关刊物投寄科普文章。据钱永刚在《父亲牵着我的手》一文中回忆："以前，父亲是个'铁杆广播迷'，中央人民广播电台每天一早一晚的'科学知识'和'新闻联播'，是他必须要听的节目。为此，我们家吃饭的时间都要为广播节目让路。直到电视机已经普及到千家万户，许多家庭已经没有了收音机时，父亲仍在收听广播。据说，喜欢听广播、不爱看电视的人，大都是形象思维能力特强的人。可是到了晚年，父亲已经听不了广播了，无奈地对我说：'咱们支个电视机吧。'于是，我在他的房间里支起了一架电视机，以便让他从视频图像里寻找科普的感觉。"

钱学森不仅自己经常亲手动笔撰写科普文章，他还鼓励年轻人多写点科普文章，并把他们的文章积极向有关刊物推荐。据《钱学森年谱》记载，1984 年 8 月 31 日，钱学森出席中央人民广播电台召开的"科普节目创办 35 周年座谈会"并发言。他说，科学知识普及以及科普工作很重要，我要感谢这个节目的同志们和为这个节目撰稿的同志，他们天天在给我上课，如果没有这些老师，那我今天对现代科学技术一定会显得更加愚昧无知。当然，我们可以认为这是钱学森的谦辞，像钱老这样的大科学家，怎么会"愚昧无知"呢？但从中我们可以

1987 年，钱学森作为评委出席全国首次国防科普有奖征文比赛颁奖大会。

看到，百忙之中的钱学森能抽空出席这一座谈会，足以说明他对科普工作的重视程度。

　　曾经多次见到过钱学森并聆听过钱老教诲的老航天人，上海航天局导弹、火箭、飞船总体主任设计师刘宗映回忆说，他对航天科普工作的热爱，也是源于钱老对他的教诲和启发。记得当年他在北航读书时，一次学校专门邀请钱学森为大学生作报告。正是在那次报告中，钱学森专门谈到科普工作的重要性，认为它是一门学问、一种技巧、一种能力、一种素养，而绝不是"小儿科"。记得当时钱学森还提出一个独到的观点，即一个大学毕业生在交出毕业论文的同时，还要结合自己的专业交出一篇科普报告。这对台下听报告的他受益匪浅。所以走上工作岗位后的刘宗映始终以钱老为楷模，不仅动手撰写科普文章，还经常深入到社区、学校、机关等单位进行航天科普的宣讲。而退休以后，他更是积极投身航天科普工作，努力做一个热心航天科普的志愿者，这早已成为刘宗映业余生活中的自觉行为。

习近平总书记指出，科技创新和科学普及同等重要，是创新发展的两翼。而通过科普工作的开展，提高了公众的科学素质，使公众了解基本的科学知识，具有运用科学态度和方法，判断及处理各种事务的能力，并具备求真唯实的科学世界观。

作为大科学家的钱学森，从来不认为科普工作是"小儿科"，他的一生，是努力践行科普、倡导科普，并将科普工作当作事业来干的典范。